THE LATTE FACTOR®

拿铁因素

[美] 戴维·巴赫(David Bach)　[美] 约翰·戴维·曼恩(John David Mann)◎著

李岩◎译

北京联合出版公司
Beijing United Publishing Co.,Ltd.

图书在版编目（CIP）数据

拿铁因素 /（美）戴维·巴赫，（美）约翰·戴维·曼恩著；李岩译. — 北京：北京联合出版公司，2021.8（2024.5重印）
ISBN 978-7-5596-5328-4

Ⅰ. ①拿… Ⅱ. ①戴… ②约… ③李… Ⅲ. ①理财－通俗读物 Ⅳ. ①F275.6-49

中国版本图书馆CIP数据核字(2021)第119990号

Chinese simplified characters Language Translation copyright © 2021 by Beijing Adagio Culture Co. Ltd.
Original English language edition: THE LATTE FACTOR by David Bach.
Copyright © 2019 by David Bach.
All rights reserved.
Published by arrangement with Atria Books, an Imprint of Simon & Schuster, Inc. in New York, NY.
The Latte Factor and the Latte Factor Challenge are registered trademarks of David Bach and FinishRich Media LLC.

北京市版权局著作权合同登记　图字：01-2021-3462号

拿铁因素

作　　者：[美]戴维·巴赫　[美]约翰·戴维·曼恩
译　　者：李　岩
出 品 人：赵红仕
选题统筹：邵　军
产品经理：张志元
责任编辑：郭佳佳
封面设计：异一设计

北京联合出版公司出版
（北京市西城区德外大街83号楼9层　100088）
北京联合天畅文化传播公司发行
天津睿和印艺科技有限公司印刷　新华书店经销
字数180千字　880毫米×1230毫米　1/32　6.5印张
2021年8月第1版　2024年5月第3次印刷
ISBN 978-7-5596-5328-4
定　价：49.80元

版权所有，侵权必究
未经书面许可，不得以任何方式转载、复制、翻印本书部分或全部内容
本书若有质量问题，请与本公司图书销售中心联系调换。电话：（010）64258472-800

致奥普拉·温弗瑞
是她让我有机会在她具有强大影响力的节目上
分享拿铁因素，从而有机会影响数千万人

致保罗·科埃略
你曾告诉我："戴维，你一定要把它写出来！"
这激励我最终完成了本书的创作

致阿尔蒂娅·布拉德利·巴赫
对于本书，她听我讲了十几年，却从未怀疑我能够创作出来

我在此深深致谢

• THE LATTE FACTOR • **名人推荐**

本书是一部杰作。感谢戴维·巴赫,他让我在30岁时成为百万富翁。请阅读本书,将其付诸实践,而且分享给你认识的每一个人。它将改变你的人生。

——格兰特·萨巴蒂尔 《财务自由》作者,"千禧一代理财"创始人

20多年来,在金钱、投资、储蓄和财富积累方面,戴维·巴赫一直致力于提供简单而有效的建议。这改变了人们的生活。我对此深有感触,因为我曾在奥普拉·温弗瑞的脱口秀节目中介绍过拿铁因素的原理,而且亲眼目睹了数千万人的生活因为戴维的这个理论而发生改变。除了口头上的讨论,我们还应该把它应用到自己的生活中!

——坎迪·卡特 《视野》执行制片人,奥普拉·温弗瑞脱口秀前制片人

本书令人心潮澎湃。它激励人们去实现梦想。感谢巴赫和曼恩的叙事天赋,本书改变了我们这个时代的生活。

——法努什·塔拉比 《这样赚钱》执行制片人,《当她挣得更多》作者

凭借充满希望且鼓舞人心的文字，戴维·巴赫打动了全世界的读者。本书会激荡你的心灵，升华你的灵魂，因此绝对值得你去关注、思考和付诸行动。

——罗宾·夏玛　国际畅销书《卖掉法拉利的高僧》和《凌晨五点俱乐部》作者

戴维·巴赫是全世界最优秀的个人理财专家，本书就是最佳证明。他比任何人都更懂得如何教你实现财务自由。最重要的是，本书中的故事是如此真挚感人。它将激励你去践行这些简单的步骤，从而创造财富并真正过上富裕的生活。我非常喜欢它。

——布兰登·伯查德　《纽约时报》畅销书《高效能习惯》作者

我与戴维相识已经超过10年。他的理念永不过时，会激励你过上一种超越财富本身的生活，一种注重意义与给予的生活。

——斯科特·哈里森　"慈善之水"机构创始人，《纽约时报》畅销书《口渴》第一作者

戴维·巴赫的书售出超过700万册是有原因的：他的理论非常有效。本书将启发你采取一些行动，以过上最好的生活。投资和追逐梦想并非富人的专利。

——珍·察茨基　NBC《今日秀》财经编辑，理财播客主持人

本书颠覆了人们的想象。它必将改变你的生活！在它

的指引下，任何年龄或背景的人都可以点燃梦想，让未来充满力量。

——莎拉·贾克斯·罗伯茨　作家，商人，知名媒体人

戴维·巴赫的建议非常专业。他把复杂的事情简单化，认为实现财务自由实际上只是一个三步走的过程。你也一定能够做到！

——乔恩·戈登　畅销书《活力巴士》和《积极领导的力量》作者

本书将彻底改变你与金钱和幸福的关系。每年我会读70到100本书，但本书震撼了我。它将彻底颠覆你的思维模式，使你以优于以往10倍的方式掌控自己的生活。

——本杰明·哈迪　Inc.com网站撰稿人

美国的每一位单身女性都应该阅读本书。戴维·巴赫可谓是女性经济权利的终极改革者，而本书堪称帮助她们获得应有的经济安全与自由的指南。

——多蒂·赫尔曼　道格拉斯·埃利曼公司总裁兼首席执行官

这是一本效果立竿见影的经典之作。无论他们年纪多大，对于那些不喜欢理财并因此经济困顿和情绪低落的人来说，这都是一份完美的礼物。花一个小时读完本书，你将受益终生！

——肯·布兰佳　畅销书《一分钟经理人》和《秘密》第一作者

巴赫和曼恩的这本书将帮助你学会如何准确地判断自己最看重什么，从而有的放矢地去消费、储蓄和投资。

——艾琳·劳里　《破产的千禧一代开始投资》作者

我推荐美国及世界各地的所有大学生都来读本书。戴维的建议可操作性极强，因此非常有效。他在书中讲述的故事，感人又鼓舞人心。

——詹妮弗·阿克　斯坦福大学商学院教授

戴维·巴赫的才华总是让我惊叹不已。他将复杂的金融世界带到每个人眼前，而且真诚地关心和影响着人们的生活。本书是一部永不褪色的作品！

——路易斯·巴拉哈斯　《拉丁美洲的财富之旅》作者

著名金融专家戴维·巴赫的这本书启发了数千万人，而且改变了他们的生活。请阅读本书并与你的朋友分享。不到一个小时，你就能真正学会如何成为理财高手。

——波比·雷贝尔　金融理财师，《如何成为理财达人》作者，"理财达人"播客主持人，路透社商业电视节目前主持人

一个跌宕起伏的精彩故事。本书将令你惊喜，而且改变你对个人财务的看法。

——迈克尔·哈耶特　《纽约时报》畅销书《平台》和《你最好的一年》作者

通过一个关于自我发现的精彩故事，巴赫和曼恩讲述了个人财务和财务独立的基础知识。本书如宝石般

珍贵!

——鲍勃·罗斯 《纽约时报》畅销书《超觉静坐的力量》作者

巴赫和曼恩出色地诠释了人生中最深刻的奥秘和真理。如作者所言,真正丰富的生活是一种"直接的、无拘无束的、快乐的"生活,任何人在任何情况下都可以享受到。强烈推荐!

——萨利·海格森 《女性如何崛起》合著者,《女性优势》作者

我喜欢这本书!它趣味盎然,仅需一个小时就能读完,会让你明白为何一些细微而简单的改变竟会转化为巨大的财富。本书一定会在全球引起轰动!

——达伦·哈迪 《纽约时报》畅销书《复合效应》作者,《成功》杂志前发行人、编辑

这是一本适合千禧一代阅读的好书。它很好地提醒了我们,生活习惯的小变化可能会对未来的财务状况产生重大影响。

——杰西卡·摩尔豪斯 千禧一代理财汇创始人,理财播客主持人

本书颠覆了游戏规则。凭借戴维·巴赫的智慧、真诚和质朴,本书受到数百万人喜爱。请在读完后立即采取行动(这比你想象的要容易),真正的财务自由属于你!

——丹·沙利文 战略咨询公司

一本精彩、有趣、引人入胜、鼓舞人心的书！你绝对会沉浸于这个故事，甚至忘记是一位该领域的大师正在向你传授经验，而这些经验足以改变你的人生。

　　——鲍勃·伯格　畅销书《给予的力量》合著者

　　不到一个小时，本书就能帮助你掌控自己的财富和生活。无论你是刚开始做生意，还是处于职业生涯的中途；无论你是负债累累，还是只想过自己一直梦想的生活，本书都可以帮助你获得经济上的成功、自由和安全感。

　　——乔·波利士　Genius Network 和 GeniusX 创始人，食人鱼营销公司总裁

　　30岁出头时，我发现了戴维的"拿铁因素"这个概念，而且听从了他的建议——"先投资自己"，这令我和妻子在财务方面有了巨大的飞跃。我们现在都已身家百万。我的妻子得以安心做一名全职妈妈，而我也如愿离开了不尽如人意的公司，去追求自己热爱的事业！

　　——菲利普·泰勒　Fin Con 和 PT Money 创始人

　　戴维·巴赫提出的财务理念将影响一代人。很多人可能会觉得富裕的生活遥不可及，但戴维简单精练的方法帮助我们达成了一种平衡，让我们在快乐地活在当下的同时，又为未来的富裕生活积蓄能量。

　　——蔡斯·贾维斯　Creative Live 创始人兼首席执行官

• THE LATTE FACTOR • **目录**

01 我的生活怎么会变成这样 / 1

02 收入在增长,为何还是"月光" / 7

03 你比自己想象中富有 / 19

04 先投资自己 / 31

05 对复利的怀疑 / 53

06 不要做预算,让账户自动运转 / 63

07 大帽子,没有牛 / 79

08 金钱的三个误区 / 91

09 拿铁因素:消费方式能改变生活方式 / 105

10 从现在起，富有地生活 / 125

11 坐在我对面的百万富翁 / 141

12 母亲的期许：不留遗憾地生活 / 151

13 账户开始自动运转 / 157

14 世界上最富有的女性 / 163

财务自由的三个秘密 / 170

对话戴维·巴赫 / 171

附录：图表 / 182

致　谢 / 191

关于作者 / 194

THE LATTE FACTOR
01 我的生活怎么会变成这样

星期一清晨,佐伊像往常一样搭乘地铁 L 号线前往公司。她抿了一口手中的双份浓缩拿铁咖啡,想着那张照片。

在从布鲁克林到曼哈顿下城区的 40 多分钟里,她一直在沉思,直到跟随人流走出地铁。

那张照片是什么意思呢?

地铁车门打开后,佐伊与大批上班族一起拥入富尔顿中心。这座建筑位于曼哈顿下城区,是几乎所有地铁线路的交会处。她在人潮中穿过灰砖铺就的街道,来到了世贸中心楼下的大广场,然后停下来,抬头瞥了一眼洞穴状的广场顶棚。它看起来像一只巨大的鸟的肋骨,由白色的钢铸成,宛如一只从"9·11"事件后的灰烬中腾飞的凤凰。

她又继续向前,走在这个巨大的广场上。近200米长的广场上铺满纯白色的意大利大理石,令人仿佛置身于一座巨大的教堂中。

从"大眼睛"①可以去往世界上最著名的纪念碑和旅游景点之一——自由女神像。在每天的上下班路上,尽管佐伊都会路过这里,但她从未真正停下来看一看它。

她走进白色大理石镶边的西广场通道。通道左侧是一个巨大的LED显示屏,长度接近一个足球场,上面循环播放着各种广告和公共服务通告。通常,她会忽略这些,径直登上自动扶梯。今天,一张照片在屏幕上闪过,让佐伊停下了脚步。

照片上是一艘渔船,船上有船员和渔网,这个场景与那张萦绕在她脑海中的照片极为相似。不同的是,这艘船并非摇曳在码头的水中,而是搁浅在沙滩上。

真奇怪,奇怪到令人不安,佐伊心想。

此时,她看到一组巨大的字母从照片上滚过,组成了一句话:

---

①译者注:指位于纽约世贸中心的一座交通枢纽,从外面看,形似一只巨型钢铁大鸟,在内部中庭向上看,像一只大眼睛。

如果你不知道去往何处，那么你可能也不会喜欢最终的结局。

片刻后，照片从屏幕上消失了，取而代之的是更多的广告。于是，佐伊继续往前走去。

走到通道的尽头，她登上电梯来到二楼，进入了洒满阳光的玻璃走廊。穿过走廊，佐伊在阳光中朝西街那栋自己工作的大楼走去。这是世界贸易中心一号楼，西半球最高的建筑，也是她每日通勤的地方。她喜欢站在这里，然后仰起头，笔直地望向那高耸入云的巨大楼顶。

然而，今天她有些心不在焉。

如果你不知道去往何处，那么你可能也不会喜欢最终的结局。

这可能是一家保险公司、汽车公司或某个旅游APP的广告，她一时无法确定。或者这是杰西卡的人生格言？毕竟这很像她的风格。然而，不知为何，在这个早上，这句话令佐伊格外有感触，仿佛击中了她内心的某个地方。

就像那张让她无法忘怀的照片一样。

她突然想起了手中的拿铁,于是喝了一口。天气开始转凉了。

如果是在以前,她现在会穿过街道,进入大楼,然后乘电梯到达她位于三十三楼的办公室。但是,今天她改变了往常的路线。穿过西街后,向右转,离开了世贸中心一号大楼,朝倒影池走去。那是两个巨大的方形喷泉,就建在双子塔的原址上,四周是黑色大理石砌成的矮墙,上面刻着无数的名字。

这是"9·11"纪念碑。

她停在北面的水池前,低头看着下面喷涌的流水,然后抚摸着大理石表面,读了大概十几个名字。那是一串很长的名单。在2001年的那个黑暗的9月,成千上万的人葬身于此。那时,佐伊还在上小学。她望了一眼"大眼睛"巨大的肋状翅膀,它矗立在一个街区之外的摩天大楼之间。

为什么今天的一切对她来说都如此不同呢?

如果你不知道去往何处,那么你可能也不会喜欢最终的结局。

佐伊到底要去哪里?她希望得到怎样的结局?

她以前认真思考过这个问题吗?

路过的一名男子停下来看了一眼手表,然后继续匆匆赶路。这让佐伊意识到自己上班要迟到了。

于是,她转身向世贸中心走去,但有种没来由的情绪让她再次定在原地。她走到附近的一张水泥长椅上坐下,手里拿着冷掉的拿铁,周围是熙来攘往的游客、上班族和当地人。她轻声问自己:

"我的生活怎么会变成这样?"

THE LATTE FACTOR

02 收入在增长,为何还是"月光"

像每个星期一早晨一样，佐伊迈出三十三楼的电梯，开始了一天忙碌的工作。春季刊的截稿日期是星期五，所以办公室里的每个人都在全力以赴地赶稿。等待她的同样是一大堆事情：刚在厄瓜多尔举行的山地自行车赛、巴尔干地区的品酒会，以及由著名旅行家撰写的图文随笔。她要做的就是润色这些文字、介绍和图片的标题，最终形成动人的文章。

佐伊供职于一家杂志社，公司位于世贸中心一号楼。她和同事们都习惯将这座大楼称为"自由之塔"，但对她来说，这多少有点儿讽刺。尽管她很喜欢这份工作带来的充实，却很难把在这些高墙之内度过的时光与自由联系起来。她对这份工作充满感激，但多年的资历并未带来想象中的高薪。

为什么说有点儿讽刺呢？虽然佐伊是一家世界著名旅游杂志的副主编，但27岁了却从未去过美国以外的任何地方，甚至没有去过密西西比河以西。她连护照都没有。

她是一位从未旅行过的旅游编辑。

她重重地放下笔记本电脑，打开电脑并登录员工网络，开始工作，手指在键盘上飞舞。

杂志社的快节奏让佐伊飞速成长。她经历了太多的挑战：令人抓狂的截止日，最后一分钟收到改稿要求，以及把一篇近乎平庸的文章化腐朽为神奇。收起心中隐约的不安，她俯在键盘前，慢慢融入了这里的节奏。

"饿了没？"一个声音传来。

佐伊直起身，扭了扭脖子，想摆脱脑海中那些奇怪的想法。已经一点了吗？她转过身，发现老板正从她工位对面的隔板那边看过来。

"即便在虚拟的世界里游走，偶尔也得吃点儿饭。"老板又加了一句。

芭芭拉不像大多数杂志社工作人员那样时髦前卫。佐伊有时甚至觉得她像一个乡下姑娘，从未真正融入曼哈顿下城区的繁华，也可以说她正好是与杰西卡相反的那种人，但她非常聪明，有一种天生的同理心和对事物本质的敏锐嗅觉。佐伊认为，正是这些使她成为出色的总编。

佐伊六年前开始在这里工作。当时，芭芭拉是面试考官，两人一拍即合，于是，她当即被录用。对待下属，芭芭拉向来都是高标准和严要求。从这个意义上说，她是一个"强硬"的领导者。但她从不强迫别人，而是带领大家共同前进，这会让大家自觉地去努力工作：不是因为怕她，而是不想让她失望。

佐伊也是如此。作为一名称职的编辑，她在工作方面的表现一直非常亮眼。

"快饿死了。"佐伊回答。她关上电脑，跟着芭芭拉乘电梯上楼去吃午餐。

从公司的自助餐厅可以俯瞰曼哈顿市中心和哈德逊河，还能看到自由女神像。这里空间开阔，装饰简洁，不亚于曼哈顿任何一家高级餐厅。刚来公司上班时，佐伊偶尔会在这里见到一些名人，过了很久她才适应。

芭芭拉带了一个素漆饭盒。她小心地打开盒盖时，佐伊排队买了一份丰盛的鸡肉沙拉，里面有藜麦、马科纳杏仁和绿色有机蔬菜。吃饭时,佐伊试着聊起了自己正在写的那篇文章,但闲聊并不是她的强项,没说几句她就停了下来。

随后是短暂的沉默。芭芭拉一边吃三明治,一边注视着佐伊。

"你今天看起来状态不太好,没什么事吧?"她问道。

芭芭拉总能一眼看出问题。佐伊本想忘掉早上那种奇怪的情绪,但她的上司觉察到了。她轻轻地深呼吸了一下,却不知道从何说起,因为她自己也并不完全明白。

"你一定会觉得很奇怪。"佐伊说。

芭芭拉又咬了一口三明治,点了点头,示意她继续。

"每天早上去地铁站的路上,我都会去威廉斯堡的一家咖啡店买早餐。"她先描述了看到照片的地方。听到这里,芭芭拉又点了点头。

"海伦娜咖啡店,对吧?"

"你听说过?"

芭芭拉不置可否:"然后呢?"

于是佐伊继续说:"然后我看到那张照片被镶框

后挂在咖啡店的后墙上。那里到处都是镶框的照片，但只有这一张很特别。"

佐伊在排队等她的拿铁和松饼时，一眼就发现了它。这家店的食物总是非常新鲜，咖啡也相当美味，墙上的装饰画更是让人眼前一亮。

说完，她又开始静静地吃自己的沙拉。

"然后呢？"又过了一会儿，芭芭拉才问道。

"然后，我也不知道为什么，就一直想着它。"

佐伊向来伶牙俐齿，但此时似乎有些笨嘴拙舌。

"你想拥有它。"

佐伊叹了口气。她当然想。

画中是一个非常简单的场景：黎明时分，一个海边的小村庄，第一缕阳光洒下一抹琥珀色的光，闪耀着宝石般的光芒。一艘渔船的船员正在准备即将出海的船只。他们把这段时间称为"黄金时间"。此时，太阳刚刚升起，发出红色的光，轻柔得仿佛正在流动。对佐伊来说，这画面有种神奇的魔力。一个无声的瞬间，却迸发出了巨大的能量，就像悬在一根纤细而柔韧的丝线上。

照片的尺寸很大，大概有 1.2 米宽、1 米高。即便如此，由于总是来去匆匆，她一直没能看清楚太多细节。每天早上离开公寓后（通常比较晚），她都会先冲到咖啡店去买双份浓缩拿铁和松饼，然后快步走到车站，这样才能赶上去曼哈顿的 L 号线地铁。因此，付款时她几乎没有时间环顾四周。即便只是匆匆一瞥，那张照片也总会吸引她的目光。今天早上，她比以往多待了半分钟，而且走近看了一下。虽然只是一小会儿，但已经足以令她把这幅画牢牢地记在心里。

她已经想好了要把它挂在客厅墙上的哪个位置。也许称为"客厅"有点儿牵强，那更像是她的客厅、餐厅以及家庭办公室的综合体。佐伊和一名室友合租了一间狭小的公寓。虽然它毫不起眼，但佐伊相信，这幅画中明媚的海景一定会给公寓带来新的生机。

"我也不是非要买下它，只是……"只是什么呢？这张照片已经激起了佐伊心中难以形容的感受，她再怎么辩驳也是徒劳。"我不知道。"她摇了摇头，似乎想极力打消这个念头。"我甚至不知道它是否出售。不过无论如何我都要买下它，即使……"

芭芭拉和她异口同声地说出了接下来的五个字：

"我支付不起。"

如果把佐伊的一生比作一首歌，那么这几个字就是它的副歌。主歌可能鼓舞人心、充满冒险精神或发人深省，比如我想回到学校；想去美国西南部旅行；想去欧洲度假；想拥有一间真正的卧室，在那里我可以写作和做瑜伽。然而，这些都会以一句相同的副歌结尾：我支付不起。

确实如此。虽然布鲁克林的物价比不上曼哈顿，但仍然很高。此外，她还有助学贷款要还，这就像一个装满砖头的包袱压在她身上。住在城里对她来说是件好事，因为可以乘坐地铁或公交，不用再买车。买车对她来说简直是妄想！照目前的情况，她的自行车都可能无法用到今年夏天。佐伊擅长文字工作，眼光也很敏锐，但数字不是她的强项。在金钱方面，她向来不在行。她曾试图通过做预算来改善这种状况，这也是母亲一直督促她去做的，但由于缺乏兴趣，她并没有成功。她在工作中有条理又高效，但当涉及自己的钱时，她就毫无头绪了。直到今年3月，她还在还去年给家人和朋友买圣诞礼物刷信用卡的欠款。如果仔细查看，那里面很可能还有前年买礼物欠的钱。一轮又一轮的账单，如此往复。

毫无疑问，佐伊非常喜欢自己的工作，而且自认为非常称职。但她也不得不承认自己几乎入不敷出，甚至负债累累。她的收入和支出就像两个人站在一个房间的两端，只会偶尔才能看到对方一眼。佐伊觉得用"月光族"这个词来形容自己再恰当不过了。

不管那张照片的实际价格是多少，500美元、800美元，甚至1 000美元，只要它出售，对她来说都不是一笔可以轻松拿出来的钱。

芭芭拉的声音打断了她的思绪："你应该和亨利谈谈。"

"谁是亨利？"

"每天早上在里面煮咖啡的老家伙，就是他。"

过了一会儿，佐伊才明白芭芭拉的意思。"你是说，在咖啡店里？你认识海伦娜家的咖啡师？"

芭芭拉站了起来，像往常一样盖上饭盒。"认识很多年了。你应该进去和他谈谈。他看待事物……"她停顿了一下，"他看待事物的方式很特别。"

"和咖啡师谈谈？"佐伊问，"谈什么呢？"

芭芭拉一如既往地面无表情。那张脸仿佛能够看透一切，却从不显露出任何情绪。"跟他谈谈。告诉他你喜欢这幅画,然后看他怎么说。"

佐伊皱了皱眉。

"相信我,"芭芭拉说,"他足智多谋,一定不会让你失望。"

"他能帮我什么呢,选彩票吗?"

芭芭拉耸了耸肩。"那恐怕不行。但你自己说过你支付不起,而且这让你很困扰,对吧?"

佐伊哑口无言,因为芭芭拉说得完全没错。

"所以,那就去做点儿什么吧。去跟亨利谈一谈。"芭芭拉说。

回到办公桌前,佐伊感到一阵内疚。她没有告诉芭芭拉她烦恼的真正原因——不仅仅是那张照片,其实还有另一件事。

是一个新的工作机会。

两个星期前,在一次喝酒的时候,佐伊的大学室友杰西卡告诉佐伊,她目前就职的那家位于上城区的媒体公司有个职位空缺。她说:"佐伊,你工作很努力,也很聪明,还是个了不起的编辑,大家都会喜欢你。你一定能够胜任。"

因此,在上星期的一天,佐伊悄悄去上城区面试了这份工作。就在那天晚上，杰西卡打电话告诉佐伊，从她听到的情况来看，佐伊是最有希望的人选。她说："佐伊，候选人多得很，但你绝对是最棒的。"果不其然，那家公司在上星期五打来电话，通知佐伊已经正式成为他们的第一人选。只要佐伊同意，这份工作就是自己的，而且工资也比目前的高得多。佐伊知道这意味着更大的压力和更满的日程，所以并不感到特别兴奋。但那家公司提供的工资真的很诱人，会大大改善佐伊的生活现状。

周末，佐伊和母亲聊起这件事，也没有获得明确的建议。"亲爱的，你应该为自己现在所拥有的感到快乐，而且快乐和金钱无关。"母亲告诉她。

快乐和金钱无关。在成长过程中，佐伊已经记不清曾多少次听过这样的话了。

与以往不同，父亲这次也接了电话并说道："你自己好好考虑一下吧，佐伊。"她知道这是什么意思：我不想直接告诉你应该接受这份工作，但差不多就是这样。

佐伊的父亲以前是一名总承包商，赚了不少钱，直到后来健康出了问题，不得不转去一家建材公司工作。他的工资低了很多（她猜测这也让他少了很多快乐），但家里的生活仍然过得去，只是母亲最近看起来比平常更加疲惫了。为你所拥有的感到快乐。她确信自己的父母并没有不快乐，但能说他们是快乐的吗？

那么她自己呢？

她又想起了那天早上在地铁站看到的那张奇怪的图片，一艘船搁浅在沙滩上。如果你不知道去往何处……

上城区的公司给了佐伊一星期的时间处理离职的事情并做正式决定。这意味着，如果佐伊想要这份工作，她就要在这个星期五之前给对方确定的答复。之后，她会在星期五下班后和杰西卡一起为此庆祝。

佐伊能想到的唯一的另一种选择是继续努力维持目前的工资水平，而且寄希望于再次升职。或许还可以用晚上和周末的时间做一些兼职，像自由撰稿或编辑之类的。毫无疑问，这种生活对她而言完全没有吸引力。

可是，她还有别的选择吗？

THE LATTE FACTOR
03 你比自己想象中富有

听从芭芭拉的建议,第二天早上佐伊决定去"做点儿什么"。她收拾好东西离开了公寓,比往常提早了15分钟。虽然芭芭拉这样建议,但她实在不明白和一名咖啡师交谈的意义是什么。不过这至少可以让她在海伦娜咖啡店多待一会儿,再近距离看看那张照片。

佐伊点完单,排队取到她的双份浓缩拿铁,然后开始在店里闲逛。她仔细地观察这里的装潢:裸露的砖块,被漆成黑色的拱形天花板,上面的油漆几乎已经掉光了,配有全光谱灯泡的大吊灯,以及挂满整面墙的许多大尺寸艺术照片。这些都让这里看起来像一家本地的时尚艺术画廊,时髦而老派。

她绕着咖啡店走了一圈,看着墙上的画。其中一些是令人叹为观止的全景照片:白雪覆盖的山顶,湍急的河流溅起水花，以及大片的森林。虽然佐伊是旅行杂志的编辑，但她也仅能够辨认出其中几幅的拍摄地点：这张是长城，这张是几个年轻人正在意大利皮埃蒙特的葡萄园工作，还有一张是秘鲁热带雨林中的一群色彩鲜艳的金刚鹦鹉。

它们都很美。但佐伊并未驻足，径直来到那张照片前。

就是它。她站在原地，又后退了几步，凝视着它。

照片中的场景绝对称不上壮观，至少表面上看起来不是：黎明时分的一个海边的小村庄，一艘准备出海的小渔船，人们在小港口来来往往，忙着村里的事。

到底是什么吸引了她呢？

她走近几步，看清了右下角价格标签上印着的一行小字：1 200 美元。

佐伊的心沉了下来。对一张照片来说，这确实太贵了，但它毕竟是特别的，不是吗？1 200 美元实际上不算多，还不到一个月的房租，她应该能够负担得起。但是她已经不记得上次在银行账户上看到这么多钱是什么时候了。

然后，她意识到这是永远不可能的。

她弯下腰,又看了一眼标签,想看看这张照片是在哪里拍的,但上面并没有写。事实上,除了价格,标签上只写了照片的标题,只有一个词:

"是的"

一张拍摄海边村庄的照片叫这个名字,似乎有点儿奇怪。

这是什么意思?她又读了一遍,仍然一头雾水。照片上的场景应该是希腊的一个岛屿。"是哪里呢?"她嘴里嘀咕着,"罗德岛、圣托里尼岛,还是克里特岛?"不,都不是。

"是米克诺斯岛。"

一个声音在她耳边响起,佐伊吓了一跳,差点儿洒了手中的拿铁。

"对不起,"面前的男人说,"不是故意吓你,你刚才太专心了。"他冲那张照片扬了扬下巴,"你喜欢它?"

佐伊点了点头。"它很美,光线也很棒。"她又指着标签上的名字补充道,"名副其实。"年长的男人看了一眼标签,点了点头表示认同。她向他伸出手:

"我叫佐伊，佐伊·丹尼尔斯。"

男人握了握她的手。他的皮肤干燥而冰冷，像一张精美的画布。"我叫亨利·海顿。"他自我介绍。他把它读成了"海丁"。然后他又补充道，"没错，和那位作曲家②同名，只是远不如他有名。"

"你好，亨利。"这时，她终于认出了他——正是那位咖啡师。"可能比您想象中有名得多呢。"

男人歪头看着她，仿佛在说，是吗？

"我的老板跟我说起您，而且让我来跟您聊聊。"佐伊解释道。

"哦，聊什么？"

佐伊刚要开口，又沉默了，然后她冲他笑了笑，说："我还没想好该怎么说。"

男人笑了起来，看着那幅画点了点头。"没多少人会被这幅画吸引，他们大部分都喜欢更壮丽的场景，比如山脉、峡谷、急流之类的。"

"没错，但这幅画看起来真的很……生动。"佐伊说。

---

②译者注：这里指的是弗朗茨·约瑟夫·海顿（1732—1809年），维也纳古典乐派的奠基人，交响乐之父。

亨利点了点头:"这也是所有画中我最喜欢的。"

佐伊站了起来,慢慢转了一圈,环顾店内墙上的画,然后转向亨利说道:"我也是。"

"不过不可以把它外带哦(因为是咖啡店,亨利用外带咖啡开了个玩笑)。"他抬起头来说。

佐伊笑着说:"要是那样就好了!但恐怕我买不起呢。"

看着她手中的拿铁,亨利把头朝后仰向墙壁,说道:"如果你买得起这杯拿铁,就买得起这张照片。"

"您说什么?"她想,自己没听错吧?这怎么可能。

"也许你比自己想象中富有。"亨利回答。

她疑惑地笑了笑,觉得这话听起来很奇怪。尽管如此,她还是被触动了,说道:"这想法不错,不过我只是过来看看。"她又走近了一些,仔细观察画面背景中的细节:铺着鹅卵石的狭窄街道,粉刷过的房屋,宝蓝色的门和百叶窗。"您觉得这是米克诺斯岛吗?"

亨利也靠了过来,然后轻轻点了点头。"我觉得是的。"

佐伊叹了口气,仿佛在轻轻地自言自语:"太美了,真想去闻一闻那里夹杂着海盐味的空气,听一听海鸥的叫声，用眼睛和耳朵感受一下那里的景色。"

然后她直起身，不好意思地笑了笑，用她惯常的口吻说："不过，这是完全不可能的。"

"完全不可能。"亨利重复道，语速很慢，仿佛在边说边思考。他转向她，"也要看这是件什么事，对吧？"

佐伊不知道怎样回答。

"你喜欢摄影，那么你知道'大眼睛'吗？"他问。

"知道。在富尔顿中心附近，我们的公司就在那里。"她回答。

"不不，"他说，"不是那栋建筑，我是指从摄影的角度说。"

佐伊皱了皱眉。

他解释道："从摄影的角度说，'大眼睛'意味着弄清楚你想站在哪里。你站在哪里，以及你从那里看到什么，是构建正确画面的关键。这就创造了你想要的视角。你明白我的意思吗？"

佐伊点了点头，尽管她并不确定自己是否真的明白了。

"从摄影的角度说，'大眼睛'是指放置相机的地方。"他继续说，"这个词在拉丁语中是'眼睛'

的意思,特指人的眼睛。因为你首先是用自己大脑中的眼睛看到了画面,用你的'大眼睛'。"

"好吧。"佐伊说。她从未研究过这个词语的意思。

他补充道:"除了摄影,这也适用于很多别的东西,比如你要写的一个故事,你想完成的一次旅行,或者你要为远道而来的朋友准备的一顿晚餐。当你站在那里,重点就只有三个:你、你的视角,还有这个世界。你会创造出什么呢?"

芭芭拉是怎么形容他的?说他足智多谋。佐伊现在觉得,用"古怪"这个词其实更适合。古怪但贴心,也很绅士。就像这家咖啡店一样,他也是个老派的人。

亨利回头瞥了一眼柜台,好像是为了确保那边暂时不需要他。柜台后面,一名戴着无檐便帽的长胡子时髦青年注意到了他,向他喊道:"别担心,亨利。这边没问题!"

亨利回头看了看佐伊,示意了一下角落里的一张小小的高脚桌。"坐下来聊一会儿?"

佐伊笑了:"乐意之至。"

佐伊跟着他走到小桌旁,分别坐在了一张高脚凳上。亨利从桌上拿起一本破旧的笔记本,打开其中一页,然后从夹克口袋里掏出一支钢制绘图铅笔，开始勾画。他的手在纸上不断地飞舞。不一会儿，他放下笔，把笔记本转过来给她看。

纸上画的是一块墓地，上面立着一块刻有工整字迹的墓碑。

佐伊·丹尼尔斯
生于？？—逝于？？

"我们来假设，你的人生已经结束。"

"好吧，英年早逝，真是令人伤心啊。"佐伊淡淡地说。

亨利咯咯笑起来："你很幽默。假如我们在为你写墓志铭，就姑且称为你的'大眼睛'吧。"他用铅笔轻轻敲着那张图。"现在你站在这里，回头去看这张你自己创作的画——也就是你的人生。你会看到怎样的场景呢？"

佐伊屏住了呼吸。

之前，她一直找不到合适的文字形容心中的感受，但他刚才的话完全说出了自己这几天来的困扰：她的生活是什么样的？她对此一无所知。

如果你不知道去往何处，那么你可能也不会喜欢最终的结局。

"对吧？"亨利说道，"在你拍摄之前，画面就已经先出现在了你的脑海中。这个画面是一切的开始，也是一切的指引。"

这时，佐伊的电话振动了一下。她瞥了一眼，是一名提前到达公司的实习生发来的短信，问她要从哪里开始编辑和校对。

"你该去上班了。"亨利提醒。

"是的，"佐伊抱歉地说，"谢谢您陪我聊天。"她不知道怎样描述这次谈话，或许称为艺术课程或透视笔记更加贴切吧？

她起身向门口走去。"跟你聊天很开心，欢迎再来。"亨利说道。

当佐伊到达三十三楼时，办公室已经进入白热化状态。她先花三分钟向那名积极的实习生讲解了校对的技巧，又到艺术部确认了工作进度，最后打开自己的电脑开始埋头工作。

尽管如此，她还是情不自禁地回想起与海伦娜咖啡店里那位古怪的咖啡师的谈话。芭芭拉曾说,他看待事物的方式很特别。"确实如此。"她自言自语。她越想这次谈话,心中就越觉得不解。

你所处的位置,以及你从那里所看到的内容,是构建正确画面的关键,所以我们要创建透视图。你明白我的意思吗?

老实说,她一点儿都不明白。

然后是关于她的咖啡的那句话:如果你买得起这杯拿铁,就买得起这张照片。

还有:也许你比自己想象中富有。

这又是什么意思?

那天晚上,佐伊没有睡好。

其实她的睡眠质量一直很差。通常,她会在凌晨2点到3点之间醒来,然后就躺在那里再也睡不着了,她心中充满焦虑。这种焦虑没有任何具体的原因,只是一种空泛的担忧。

然而,今天比以往更糟。晚上醒来后,她再次入睡,而这种忧虑也潜入了她的梦里。

梦里,她正在健身房的跑步机上慢跑。突然,机器开始加速,而她并没有碰上面的任何按钮。没问题的,她告诉自己，然后加快了脚步。这时，机器突然再次加速，她为了跟上节奏不得不更快地奔跑。她拼命去按向下的按钮来减慢跑步机的速度，却毫无作用。机器一次又一次地加速，越来越快。最后，她已经在全速奔跑了。她的心脏怦怦直跳，但她立即就要跟不上了……

她喘着粗气醒过来，T恤上满是汗水。她慢慢地从床上坐起来，一边平复心跳，一边在黑暗中摸索放在床头柜上的水。因恐惧而疯狂跳动的心脏逐渐平稳下来，最后终于恢复正常。

做这样的梦其实并不稀奇。她每个星期必须工作50多个小时，每天早上从布鲁克林前往曼哈顿，然后下午从曼哈顿再返回布鲁克林。钱进来又出去，通常出去的比进来的多。她隐隐有一种感觉，那就是她每日疲于奔命，却永远无法到达想去的地方。

在一片昏暗中，她凝视着公寓的墙壁。跟以前一样，每当她直面内心，就会感到自己的生命中缺少了某种重要的东西。是爱情吗？不是，因为她还很年轻，有的是时间去体验。是朋友吗？好像也不是，因为她有杰西卡和另外几个朋友。

最后她有了答案：她缺少的是生活。

THE LATTE FACTOR

04 先投资自己

星期三早上,佐伊再次来到咖啡店,比前一天早到了几分钟。一进门,她就发现亨利正站在那张照片前,似乎陷入了沉思。与他们初次相遇的情形完全相反,这次是佐伊把他吓了一跳。"我很抱歉。"她说。

"啊,佐伊,是你!"他开心地喊道,甚至轻轻地跳了一下。"我正在欣赏我们最喜欢的照片呢。"

"对不起,"她说,然后把他上次说过的话原样奉还,"不是故意吓你,你刚才太专心了。"她咧嘴一笑,他也不禁温和地笑起来。

"好记性。"他说。

她再次凝视照片中的海港景色,然后转向他。"我在想……"她犹豫着,不知道该如何开口,"您昨天说,如果我买得起咖啡,我就买得起这张照片?您还说我可能比自己想象中富有？"

亨利点了点头。

"您是什么意思呢？"

他歪着头，用一根手指抵在嘴唇上想了一会儿，然后说："我问你，要想买得起这幅照片，你需要做些什么？"

"坦白说，需要一份工资比现在高的工作。"

听到这里，他插话道："介意我稍有冒犯吗？"

"当然不介意。"佐伊回答，"您连我的墓碑都画过了，还有比这更冒犯的吗？"

"说得好。"亨利笑着说，"你在哪里工作？你好像说过是在曼哈顿下城区，是吗？"

她点了点头，说："在世贸中心一号楼。"然后，她大致介绍了自己在旅游杂志社的工作内容。

"我猜你的收入应该相当可观。"亨利说。她表示赞同："还不错，但也绝对没有到惊人的程度，而且布鲁克林的生活成本很高。"

"确实如此。如果方便，我能否问一下你工作多久了？"

"大约六年。"

"好的，对一个聪明的年轻人来说，工作这么长时间足以升职加薪了。你现在的收入一定比六年前高了一些，对吗？"

"是的。"佐伊回答。

亨利再次点头。"那么，你现在比六年前更富有吗？"

佐伊眨了眨眼，说道："富有？"她感觉自己好像在说一门外语。

"比如说，你现在是否有了更多可支配的资金，可以去买任何你想要的东西？或者是否把一小部分钱存起来了呢？"

事实上，早在两年前，当芭芭拉把佐伊从助理编辑提升为副主编时，她的工资就已经有了很大的提高。但似乎她赚得越多，她的生活成本就会随之水涨船高。如果非要说有什么不同，那就是她的赤字比以往任何时候都严重。

"富有，"佐伊重复道，"不，我并没有比之前更富有。"

"你并不是一个人。前几天我读到一篇有趣的调查。里面提到，即使在紧急情况下，这个国家也有一半的人无法立即拿出400美元。十分之七的人都自称'月光族',甚至许多人的日常生活开支要依靠信用卡。"

"是这样的。"佐伊对这么多人与她的处境相同并不惊讶。这不就是她的旅行杂志如此受欢迎的原因吗?人们往往都喜欢关注他们负担不起的那些冒险经历。

"这才是真正有趣的地方。"亨利说,"当被问及为什么不多存点儿钱或者制订某种退休计划时,几乎所有受访者都给出了同样的答案:收入不够。"他笑了。"至少,他们都是这样回答的。事实当然并非如此。即便给他们更高的收入,他们的处境也不会有任何改善。"

佐伊的注意力顿时被吸引了。"请等一下。您刚才说什么?"她想,一定是自己听错了。"增加收入也不会有帮助吗?但这分明是最有效的途径啊!"

亨利同情地摇摇头说:"不是这样的。对大多数人来说,当有了更多的收入时,他们只会把钱花在购买更多的东西上。"

"那——"佐伊正要说这不是真的,至少她自己不会这么做。

真的是这样吗?

亨利继续说:"你应该读过一些关于电影明星、

潮流人士或体育明星的新闻。一开始，他们的事业蓬勃发展，身家百万，然后突然有一天就破产了，对吧？"事实上，就在一个星期前，佐伊还读过一篇与此类似的文章。"有多少彩票中奖者最终负债累累。你看，对这些人来说，赚钱不是问题，问题是如何留住钱。"

"佐伊，这很奇怪，却是事实。即使赚到了再多的钱，也并不一定会变得富有。为什么呢？因为对大多数人来说，当他们赚得更多的时候，只会花得更多。收入就像潮水，而你的支出就像船。潮水上涨时，船也会跟着往上浮。"

他环视一下四周，然后又看向佐伊，"着急去赶地铁吗？要不要坐下来聊一聊？"

"好的。"她答道。毕竟，她今天早一些出发就是为了这次聊天。她跟着亨利走向那张小高脚桌，仍然在思考他刚才说的话：收入就像潮水，而你的支出就像船。

她想，直到它倾覆，或搁浅在沙滩上。

"财富和财务自由并没有那么复杂，只不过是三步走的简单过程。"亨利边说边走到桌边，然后转过身来面对着她。

"我来猜一下，"佐伊说，"第一步是写一首排名前 40 位的大热歌曲，第二步是中彩票，最后一步是姑妈意外去世，留下一大笔钱？"

亨利边笑边坐下来。佐伊也坐在了她前一天坐过的位置上。

"我称之为财务自由的三个秘密。"亨利说，"这样说可能有点夸张，因为它们并不隐晦。每个人都认为自己知道这些道理，但真正做到的屈指可数。"

"先跟你讲一下第一个秘密吧。"

"洗耳恭听。"佐伊说。她现在觉得亨利虽然古怪，但说话一针见血。她第一次对他感到好奇：他来自哪里？为什么会到布鲁克林的这家小咖啡店里工作？

"冒昧地问一下，你每个星期工作多少个小时？"亨利问。

"大概 40 个小时。"其实 50 个小时更准确，不过也差不多。

"好的。那么，有多少个小时你是为自己工作呢？"

佐伊欲言又止。40 个小时都是在为自己工作吗，还是都不是？"我……我不太明白您的意思。为我自己工作，是指什么？"

"就是说你赚到的钱都花在了自己身上。你用这些钱去投资你自己及你的生活。"

"我明白了。"她停顿了一下,然后接着说,"可我不知道怎样回答。"

"那么,让我们来看一下。"他一边说着,一边打开那本破旧的笔记本,翻到新的一页,拿出钢制绘图铅笔,开始勾画起来。

"假设你9点开始工作。一般来说,你从9点到11点30分所挣的工资会直接用于上缴税款。"他画了一个表盘,隔开9点到11点30分的时间,而且在里面画了一袋钱和一个留着胡子的高个子山姆大叔(Uncle Sam,代指美国政府)。

"哇,"佐伊喃喃地说,"我从来没有这样想过。"

亨利点了点头。"这让你有点儿想午饭后再去上班,对吧?"他笑道,"然后,从11点30分到下午2点,你赚的钱是要支付给你自己的……"他抬头看了她一眼,"住房贷款,还是房租?"

"房租。"佐伊回答。她被他的画法吸引了——又快又准,几笔就画完了。这幅图就像是从他的笔尖上跳出来的,如此自然。

"好的,房租和水电费。下午2点到3点用于支付交通费。下午3点到5点就是剩下的所有支出了:看病、娱乐活动、还账单、还信用卡欠款……"

"还有助学贷款。"佐伊补充道。

"啊,是的,"他说,"可怕的助学贷款。当然,还要算上食品、杂货……"

"我一般出去吃饭。"佐伊插话。

"没错,"他看着她手里的拿铁,点了点头,"还有咖啡。"

"是的,一定不能忘了咖啡。"她说。然后他们相视而笑。"其实原本可以试着节约一些钱,但大多数人都没有这样做。所以,在一天结束的时候,已经没有多余的钱可以买你的照片了。"

尽管这听起来十分令人沮丧,佐伊还是忍不住为最后几个字感到些许的兴奋:你的照片。她示意他继续说下去,好奇这到底是怎么回事。

"好的。刚才我说一共有三个秘密,对吧?这是第一个。"

他又翻开新的一页,龙飞凤舞地写下了一行字:

先投资自己

"先投资自己。"佐伊念道,不禁点了点头,"是这样,没错。"

"你之前听说过?"亨利问。

"记不清具体在哪里了,不过这句话确实很耳熟。"

"太好了。"亨利说,"那么,你知道它是什么意思吗?"

佐伊正要说"当然",但她还是犹豫了一下,然后谨慎地说:"我……我想我知道吧。"

亨利微笑着扬了扬眉,好像在说:是吗?

"它的意思应该是,"佐伊说,"当我拿到钱的时候，我应该先把钱花在自己身上。"说完，她看着亨利。"不是这个意思吗？"

亨利又笑起来："很接近了。大多数人都是这么认为的，当你赚到钱的时候，应该首先好好犒劳自己，给自己买点好东西或一直想要的东西。"

"难道不是这样吗？"佐伊问。

"不完全是。"亨利说，"它的意思是，你应该是第一个被支付的人，应该留好这笔钱。换句话说就是，把你每天第一个小时的收入支付给自己。"

他把笔记本又翻了一页，开始画第二幅图。

"工作时，你在用自己的时间换取金钱。既然每天都要工作，"他边画边说，"那么为什么不把至少一个小时赚到的收入留给自己呢？大多数人的做法是，在拿到已经被政府扣税的工资后，先去支付账单和买东西。做完这些，如果还有剩余，他们才会把这部分存下来。总结一下就是，他们先支付给他人，如果有剩余，才支付给自己。"

"这就是为什么那么多人每天工作八九个甚至十个小时，日复一日，年复一年，几十年下来，他们一生平均要工作九万个小时，却在这趟旅程的结尾发现自己身无分文。他们只是用一生的时间为别人创造财富，而不是为他们自己。"

佐伊沉默了片刻，她想到了自己的父母。

"不可思议。"她说。

"的确。"亨利再次肯定。

又一阵短暂的沉默后，佐伊问道："那么，我们应该怎么做呢？"

亨利若有所思地看着她，然后说："在你小的时候，为了买自己喜欢的东西，你有没有一个硬币一个硬币地往存钱罐里存过钱？"

佐伊还真的这样做过，但不是小时候，而是在她18岁时。那时候，她刚到纽约读大学。那年夏天，她攒下了能攒到的每一笔钱，然后在三个月后给自己买了一辆自行车，这让她逛遍了周围的大街小巷。这件事给了她很大的震动，因为她平时花钱一直很节省。为了这样或那样的目的，她也曾好几次把10美元或20美元的钞票存在厨房柜台上的一个罐子里，但都以失败告终。总会发生什么事，把她的罐子洗劫一空。不过那辆自行车还在。

"嗯，就是这个道理。"亨利说，"只是这一次，你不必把硬币放到存钱罐里，而是存入一个名为'先投资自己'的账户。准确地说，这是一个退休账户。"

"就像是401k计划③之类的？"她问。

"正是，一个401k养老计划。"亨利答道。

佐伊所在的公司也提供这个计划。她记得刚入职时有人告诉过她，而且她也收到了相关邮件，只是一直没有看。

"401k计划的原理很简单。"亨利说，"每次拿

---

③译者注：401k计划，始于20世纪80年代初，是美国一种由雇员、雇主共同缴费建立起来的完全基金式的养老保险制度。

到工资后，都先预留出一部分，比如10%，然后再缴税。但这完全改变了钱的增值方式。"

"它是怎么增值的？"佐伊问道。她擅长文字，但对数学一窍不通。

看到她疑惑的表情，亨利说："来，我给你示范一下。"他从口袋里掏出钱包，从中拿出一张面值5美元的钞票，放在他们两人中间的桌子上。

"假设你每天拿出5美元，把它放在一个罐子里。一个星期后你会有多少钱？"

"一天5美元，如果是一个星期，"佐伊说，"是35美元。"她很快就算出来了。

亨利点了点头。"每月大概150美元。我们现在再假设，你把每天的这5美元存入税前账户，按照年利率10%计算，一年后是多少？"

佐伊想了想。12个150美元。"不知道，是1 500美元多一点？"

亨利再次点头。"确切地说，包括利息在内，是1 885美元。现在让我们看一看，如果利用复利效应，会发生什么。"

他从上衣口袋里掏出一个小计算器，一边敲着，一边草草记下了数字。在这个时代,谁还会使用袖珍计算器呢?佐伊暗自笑着,心想这个咖啡师果然老派。

他停了下来,抬头看着佐伊。"每天存5美元,你觉得40年后会是多少钱?"

"不知道,可能……"佐伊觉得无论怎样都不会超过5万美元,但为了安全起见,她把这个数字翻了一番,"10万?"

亨利笑了。事实上,几乎是这个数字的10倍。他把笔记本转了过来,让佐伊看他写下的内容:

假设每天存5美元,年利率为10%,你最终会得到:

1 年	=	1 885 美元
2 年	=	3 967 美元
5 年	=	11 616 美元
10 年	=	30 727 美元
15 年	=	62 171 美元
30 年	=	339 073 美元
40 年	=	948 611 美元

佐伊盯着这些数字。"但是……"她结结巴巴地说,"但是这接近 100 万美元啊!"

"没错。"亨利说。然后他又从口袋里掏出一张 10 美元的钞票,放在 5 美元钞票的上面。

"现在,假设我们提高了金额,每天拿出 10 美元,而且存入税前账户。让我们看看 40 年后会有多少。"

假设每天存 10 美元,年利率为 10%,你最终会得到:

1 年	=	3 770 美元
2 年	=	7 934 美元
5 年	=	23 231 美元
10 年	=	61 453 美元
15 年	=	124 341 美元
30 年	=	678 146 美元
40 年	=	1 897 224 美元

佐伊睁大了眼睛。她扫视了一眼最后几行数字,看到了最后一行的总金额。"我的天哪!"她说,"您……

您是怎么做到的？"

亨利大笑起来。"佐伊，这不是我干的，是大自然母亲。这就是它运作的方式。细菌的繁殖、谣言的传播和财富的积累都是这个道理。有人称之为宇宙中最强大的力量，这就是复利的奇迹。"

盯着他画的图表，佐伊心想，这怎么可能呢？"只需要每天存 10 美元……"她喃喃地说。

"是的，每天 10 美元。"亨利说，"不要以为这很简单。这个举动本身可能看起来很小，甚至微不足道——往罐子里存一枚硬币，或者每天存 10 美元——但要做这个决定并非易事。"他笑了笑，"这可能会是你做过的最重要的决定。"

佐伊的脑海中又浮现出了芭芭拉的声音，她说：那就去做点儿什么吧。

"现在，我再给你举一个更实际的例子。"亨利说，"你现在多大了？"她还没来得及回答，他又补充道，"我知道绅士从来不开口问这个，但这是为了科学。我会为你保密的。"

"好吧，为了科学，"佐伊面无表情地说，"我 27 岁。"

"很好。"亨利说,"那么,假设你每个星期赚1 000美元——再怎么样我也不会问你的实际收入。"佐伊闻言笑了。事实上,这个数字与她的实际工资相当接近。"那就是每天赚200美元。"亨利接着说,"有一种很好的做法是:把你每天工作的第一个小时赚的工资存起来。换句话说,就是把每天第一个小时赚到的钱支付给自己。"

"大多数人根本做不到这一点。美国人的平均存款不到他们收入的4%,这意味着我们大多数人仅有20分钟是在为自己工作。还有五分之一的人根本没有存款,也就是说,他们支付给自己的收入是零。"

"天哪。"佐伊轻声说。这说的就是她:零存款。

"假设你每天工作8个小时,"亨利继续说道,"而且把每天第一个小时赚的工资用来支付给自己。那将是——"他歪着头计算着,"每天25美元,也就是每个星期125美元。乘以52个星期,一年下来是6 500美元。再加上利息,有近6 800美元。"

他开始画另一张图表,边画边断断续续地敲着他的小计算器。

看着亨利用铅笔写下的数字,佐伊感到自己的心跳在逐渐加快。

假设每个星期存125美元（或每个工作日存25美元），年利率为10%，你最终会得到：		
1 年	=	6 798 美元
2 年	=	14 308 美元
5 年	=	41 893 美元
10 年	=	110 821 美元
15 年	=	224 228 美元
30 年	=	1 222 924 美元
40 年	=	3 421 327 美元

写完后，他轻轻地放下铅笔，向后靠在椅背上，看着佐伊。

佐伊呆呆地坐着，盯着那些数字：每天1小时，300多万美元。

亨利看了一眼手表，平静地说："有点晚了，你应该赶快回去了。"

佐伊吓了一跳，连忙看了一眼手机，跳起来说：

"我的天哪,我得立即走了。"

"我送你到门口吧。"亨利说着,滑下椅子。

向外走时,佐伊说道:"这看起来……我不知道怎么说,看起来太简单了。"

"是很简单。"亨利答道,"这就是它奏效的原因。那些会带来改变的方式通常都很简单,绝不复杂。"

"就像你说的每天存 10 美元。"她说。

看着她手中的拿铁,他点了点头,然后笑了:"就像你每天都会买的咖啡,你的拿铁因素。"

"没错,我的拿铁因素。"走到门口时,她说道,尽管她根本不知道这是什么意思。"那么,谢谢你。"她说,"我很……受教。"她又伸出手和他握了握手。

"嗯。"他说,看着她脸上的疑惑,他再次抓住她的手,盯着她看了一会儿。"佐伊,"他轻声说,"暂时忘掉那些数字。重要的是这些数字背后的东西。先投资自己,是为了让你把自己放在首位。"

佐伊皱起了眉头。她不禁想起母亲经常告诉她的话:一定要始终将他人放在第一位。

亨利轻轻点了点头。"我知道,这与你之前接受的教育相悖,对吧?别人都告诉你做一个好人就应该先为别人着想,而不是自己。你是不是在想这个?"

"差不多吧。"佐伊承认。

他点了点头。"这当然没错。注重为他人服务是我们成为文明人的基本特征。但生活是矛盾的,有时候你为他人服务的唯一方法就是把自己放在第一位。你明白我的意思吗?"

"说实话,不是很明白。"佐伊回答。

"你听过飞机起飞前的广播吧?广播告诉你,如果出现突发状况,你应该首先戴上自己的氧气面罩,然后再照顾身边的孩子。这听起来似乎反了。你以为他们会告诉你先照顾孩子,对不对?但是并没有。因为如果你昏倒了,你就无法帮助任何人。明白了吗?"

"我想……是的。"佐伊回答。

亨利仍然握着她的手,然后把另一只手也放在了上面。"佐伊,我始终相信,我们每个人来到这个世界上,都是为了做一些特别的、他人无法做到的事情。但是我们大多数人都没有这么做,因为我们都忙于先去照顾别人了。"

坐在去上班的地铁上,佐伊想着亨利说过的话:我相信我们每个人来到这个世界上,都是为了做一些特别的事情。但我们大多数人都没有这么做。

是这样吗？

如果是这样，那么佐伊来到这个世界上是为了做什么呢？

THE LATTE FACTOR
05 对复利的怀疑

从咖啡店回来后，佐伊漫不经心地工作着，一边机械地编辑文字，一边回想和亨利谈话的片段。然后，她拿出手机，滑动着屏幕。她在地铁上草草做了一些笔记。现在，她开始把它们按照顺序重新输入电脑。

这就是佐伊的工作内容。作为一名编辑，她养成了筛选叙事线索和片段的习惯，就像考古学家先收集了出土的骨头，然后观察该如何把它们结合在一起。拼写、语法和标点符号都可以以后再说，她首先要考虑的是整体，即作者在说什么。

她看着自己的笔记。

对大多数人来说，当他们赚得更多的时候，只会花得更多。

05 对复利的怀疑

每个人都认为自己知道这些道理,但真正做到的屈指可数。

先投资自己。

有人称之为宇宙中最强大的力量。

每天存10美元就可以改变你的生活。

把你每天第一个小时赚的工资存起来。

还有他前一天说的那句话,简直像是出自某位理财大师之口:

如果你买得起这杯拿铁,就买得起这张照片。

她仍然不知道这是什么意思,还有那句"拿铁因素"也让她很困惑。

她的拿铁因素?

一天结束后,她乘 L 号线地铁回家。在从地铁站回去的路上,她在海伦娜咖啡店门口又停了下来,思考要不要再找亨利聊一聊,问问他这些问题。但是他已经走了。柜台后面的年轻人告诉她,他下午3点就离开了。

"当然。"佐伊说。毕竟,他从早上 7 点就开始上班了。"他的轮班时间应该早就过了。"

"轮班?"柜台后面的青年笑了,"亨利不轮班。"

"不轮班?那么,他通常什么时候离开?"佐伊问道。

"只要他愿意,"他边说边耸了耸肩,"通常在 3 点左右,也可能更晚或更早一点。"

只要他愿意?这是一份什么样的工作呢?

拉开公寓大楼前门的时候,佐伊还在想着这件事。她走进门厅,然后按下标有杰弗里·加伯的对讲机按钮,说:"15 分钟后,到我家来吃比萨!"

住在佐伊楼上的邻居叫杰弗里,是一名自由职业者,主要从事社交媒体应用程序的开发,有时也做一些技术支持来赚点儿外快,比如优化搜索引擎和脸书广告之类的。不过,他依然坚信,有一天自己将凭借社交媒体应用程序发家致富。这些年,他曾多次问佐伊要不要入股他的生意,他确信自己一定会打造出下一个 Instagram[④],但佐伊每次都拒绝了。

[④]译者注:Instagram,即"照片墙",是一款在移动端上运行的社交应用。

到目前为止，他开发的程序都还没有成为下一个Instagram。

杰弗里是个很好的人，佐伊很喜欢他，但她难以接受他愤世嫉俗的态度。在佐伊看来，他对"富人"有一种下意识的敌意，不管他们是谁。那些成功的大企业更是他的眼中钉，比如她目前所在的公司。她忍不住怀疑，如果有朝一日他的某个程序大卖，会不会也成为那种公司之一？尽管如此，他们仍然是好朋友，而且每个星期会轮流请对方吃一次晚餐。

今晚轮到佐伊了。她点了路易基家的经典大比萨。比萨用料丰富，口感绝佳。住在布鲁克林最棒的一点就是，只需一个电话，就能把外卖送到家，而且不用洗盘子。

老实说，这是佐伊和杰弗里为数不多的几个共同点之一。杰弗里不做饭，佐伊也不做，除了偶尔烤个面包圈或煎个蛋卷，还常常会煎煳。佐伊的母亲也不太喜欢做饭。在佐伊家，冷冻柜和微波炉的使用频率比冰箱和炉灶高得多。佐伊的祖母会烤面包，她的母亲却对此完全不在行。"烤面包？我连糖霜都不会做！"她会说。

吃饭的时候，佐伊把自己和那个古怪的咖啡师的谈话告诉了杰弗里。

佐伊为亨利身上的某种特质倾倒，可能是魅力，但似乎又不仅仅是这些。她无法形容这种感觉，就像说不出那张照片为什么会对她有如此大的吸引力一样。

杰弗里一言不发地听她讲述当天发生的事情。

吃完比萨后，她擦干净手指，拿出了笔记本电脑。上班时，她花时间重新绘制了亨利的图表。理论上来说，如果她在第一年每天存25美元，一年下来就会有接近6 800美元，到40年后，这会成为一个天文数字。

她从电脑里找出图表，给杰弗里看。"看看这个，"她说，"40年后，我67岁。有了这300多万美元，我就可以安心退休了，杰弗里！"

杰弗里仔细把每根手指擦拭干净，然后坐回来，舔着手指看着她。

"怎么会？"他说，"佐伊，别开玩笑了。怎么可能有10%？这样的利率早就是历史了。"

"而且你很清楚，整个游戏都是被人操纵的。你越努力去存款，政府获利就越多。"

亨利说过，让她把一部分工资在缴税前存起来。

他是怎么说的？佐伊要么忘记了，要么一开始就没有完全理解。

"还有通货膨胀。你知道40年后100万美元才值多少钱吗？哈哈，那时你能顺利找到一家养老院就该谢天谢地了。还有401k退休计划——他们给这些计划加了那么多规定和限制，都会对你不利。"然后他又补充道，"最后，谁知道你会在现在的公司干多久？如果你离职了，你的退休计划还有效吗？"

"无意冒犯，佐伊，但他怎么会知道这些呢？毕竟，那个家伙都已经六七十岁了，却还在当咖啡师，对吗？"

佐伊哑口无言。

杰弗里对她提供比萨晚餐表示感谢，然后迈着步子回到楼上自己的公寓。在接下来的45分钟里，佐伊洗了头发，清理了几乎已经空空如也的冰箱，而且擦洗了她很少用的炉灶。直到她最终停下来，瘫倒在堆满杂物的电视椅上，才意识到这场疯狂的清洁究竟是为了什么。

她在试图消除她朋友的怀疑言论带来的影响。

亨利画的图表令她兴奋，她已经下决心照做。此外,他那句"每个人来到世界上都是有原因的"也引发了她的兴趣,甚至是灵感。不得不承认,他说的那些话点燃了她内心深处一丝纯净而明亮的希望。

杰弗里却把这一切都否定了。

这样的利率早就是历史了。

她拿起手机,划到通讯录中的"最爱"分组,然后用拇指点了"妈妈"。铃声响过四五次后,电话被接了起来。

"嗨,妈妈。"

"嗨,甜心。最近怎么样?"从母亲的声音中听得出来她很疲惫。

"一切都好,妈妈。我也该问您同样的问题,因为您听上去很累。"

"哦,我最近得了流行性感冒。"母亲回答,"先是你父亲,现在又轮到我了。"她叹了口气,再次开口时,声音里已经带了笑意。"你的电话让我感觉好多了。亲爱的,一切还顺利吗?你的工作怎么样?"

"挺好的,妈妈。我能问您一个问题吗?爸爸的公司有401k计划,对吧?您知道他的退休金有多少吗?爸爸换工作的时候,这个计划受影响了吗?"

"佐伊,这个我真的不太清楚。"母亲说道,"都是你爸爸料理这些。你不会是在考虑换工作吧?"

这时,手机发出提示音,有另一通电话打进来了。佐伊看了一眼手机屏幕,是杰西卡。"我还没想好,妈妈。对不起,我要先挂了。"

"为你所拥有的感到快乐吧,亲爱的。这样已经很好了——"

"知道了,妈妈。明天再打给您,我要先接这个电话了。爱您!"

佐伊结束了和母亲的通话,但就在准备接杰西卡的电话时,她犹豫了。不知道为什么,她现在不太想跟她聊这件事,于是她把电话转接到语音信箱。

当看到新的语音邮件提示时,她把手机凑到耳边,播放了留言。

"嘿,佐伊。我们星期五见吧,这个星期我请客!到时见!哦对了,你跟你老板谈过要离职的事了吗?"

佐伊关掉留言,放下手机。"没有,"她对着自己空荡荡的公寓说,"还没有。"

佐伊再次考虑了那家公司的邀请,这大概是这个星期的第一百次了。那是一份高风险、高收入且压力很大的工作。她深呼吸了一下。

毫无疑问,杰西卡过着繁忙且快节奏的生活。如果说杰弗里的策略是寻求突破、大赚一笔,那么杰西卡的就是开足马力把其他人都甩在身后。杰西卡从来都不屑于按部就班地沿着梯子向上爬。她完全跳过了梯子,直接冲到了最顶端。

那么,佐伊呢?她的策略又是什么?

THE LATTE FACTOR
06 不要做预算,让账户自动运转

星期四早晨,外面寒风刺骨。佐伊把大衣裹得严严实实,但当她迎风快走时,还是感到寒意已经浸透了骨头。即便如此,走到海伦娜咖啡店门口时,她还是有些犹豫。杰弗里的话仍在她的脑海里回响。她不想被这种愤世嫉俗的态度影响,但他的一些观点还是很有道理的,不是吗?也许她今天不应该进去,而是径直前往公司。

她吸了一口气,拉开门走了进去。亨利正坐在角落里的高脚桌旁,和一个高大的男人聊天。那人看起来像好莱坞演牛仔的演员。他系着细细的领带,穿着白衬衫和深色牛仔裤,脚蹬一双蛇皮牛仔靴,一张饱经风霜的脸让人联想起蜿蜒起伏的内华达山脉。

排队等拿铁的时候,她想,真奇怪,亨利为什么会理所当然地占据角落里的那张桌子呢,好像那是他的专属位置。她第一次意识到,也许他不是个咖啡师,而是上早班的楼层管理员。可芭芭拉不是说他是咖啡师吗?

"早上好,佐伊。"见她端着拿铁走过来,亨利向她打招呼,"跟你介绍一下我的朋友,巴伦,他是做能源生意的。"

"本·道森,"男人握着她的手说道,"不过我的朋友都叫我巴伦。至于我的敌人嘛,他们都回俄克拉何马州了,所以他们怎么叫我就无所谓啦。"

"很高兴见到你,巴伦。我叫佐伊·丹尼尔斯。"佐伊跟他握了握手。不同于亨利那像画布一样细嫩的手,巴伦的手摸起来就像野牛皮。"没有打扰到你们吧?"她补充道。

"一点儿也没有,坐这儿。"亨利说,示意她坐在旁边的凳子上。"佐伊是一名摄影爱好者。"她落座时,亨利向巴伦介绍道。

"亨利常常跟我讲一些他对前景和财富的看法。"佐伊说。

巴伦挑了挑眉,缓慢而严肃地点了点头,说道:"他是不是也跟你说了'三个秘密'和'先投资自己'?"

"没错。"佐伊回答,"还有通过每天存10美元发家致富。"她笑了起来。

巴伦又扬起眉毛,转向亨利,故作认真地问:"咖啡小子,你又胡说八道给人家洗脑了吧?"

亨利笑了笑,靠近巴伦说道:"不。其实她已经很富有了,只是她自己还不知道。"说完,他回头瞥了佐伊一眼,眨了眨眼睛。

"嗯,"她有点无语,"好吧,那我就放心了。"

巴伦笑了笑。

亨利抬起头,若有所思地看着她说:"你还有一个疑问,对吧?"

有好几个,佐伊心想。"确实如此。"她说,"就像我之前说的,我真的不擅长理财,比如固定去存一笔钱之类的。"亨利点了点头。"说实话,我很难坚持做这种事。我明白'先投资自己'的道理,但实在缺乏自制力。对我来说几个月已经是极限,更不要说几十年了。"

亨利点了点头。"可能是这样。这也是为什么还有第二个秘密。"为了达到某种戏剧性的效果,他稍微停顿了一下,才继续说道,"你应该听说过做预算的各种好处吧?"

哦,天哪,饶了我吧。佐伊心想。她讨厌预算。虽然知道这样不够理性,但一想到这个词,她就很反感。

"哈,预算!"巴伦大叫,"那首先就意味着你要把自己所有的想法、个性和其他所有东西都扔进垃圾桶!"

佐伊忍住笑,觉得终于找到志趣相投的人了!

"预算什么的根本就是废话。"巴伦一边说,一边很自然地靠向佐伊,"你讨厌预算,对吧?"她点了点头。"你当然讨厌,没有人喜欢它。其实也不是每个人啦,因为有些人天生就擅长做这些。他们是稀有的珍贵生物,就像独角兽一样。我们需要这些人,因为他们能够承担重要的工作。我们公司的首席财务官就是这种人。他热爱预算,恨不得晚上抱着它睡觉。但是我们其他人都不喜欢这种东西,对它像毒药一样避之不及。"

此时,佐伊忍不住好奇,亨利会怎么安抚巴伦的激烈情绪,又不失他一贯的温和有礼。

但亨利只是点了点头说:"说得没错。"

佐伊难以置信地盯着他，问："什么？"

"对公司来说，预算非常必要，但是它并不适用于个人。如果你的存钱计划必须靠每个星期开支票才能维持，那肯定很难做到。这跟个性无关，只是人的本性。从理论上讲，个人预算听起来很合理，但在现实世界中，它很难行得通。"亨利说。

"知道为什么吗？"巴伦问。

佐伊清了清嗓子说："不知道。为什么？"

"因为这样做毫无乐趣，这就是原因！"巴伦再次插话。"这就像节食，开始容易坚持难。把你所有的钱都列在一张清单上，然后试着拼命节衣缩食——这简直是一场噩梦，而且违背了我们的天性！"

亨利笑了笑，说："的确如此。这也正是我要说的，那就是，没有任何一种预算会允许你'先投资自己'，即使这合乎逻辑或出于责任。要解决这个问题，只有一个办法。"

他打开笔记本，翻到前一天写字的那一页，在"先投资自己"几个字下面又加了一行：

不要做预算，让账户自动运转

06 不要做预算，让账户自动运转

"只要每个星期开一张支票，或者定期登录网上银行存一笔钱，就能做到这一点。但你就是不想这样做。"

"佐伊，我问你，你认为自己是一个忙碌的人吗？"

"是的，尤其是今年。"佐伊回答。

亨利点了点头。"你当然很忙，我们每个人都是如此。你一定不想再去做额外的事，比如制定预算，然后按部就班地去执行。事实上，你可能就是不愿意这么做。"

对此，佐伊完全无法反驳。

"唯一的解决办法就是建立一套简单的自动化系统，让它解放你的双手，使这件事不再需要强大的自律性、自控力和意志力。只要设置好，它就能自动运行。"

"不能预支你口袋里没有的钱。"巴伦插嘴道。

"没错，"亨利说，"这就是自动化系统的绝妙之处。无论你的工资是多少，只要跟你的公司约定好，每两个星期或每个月，在扣缴所得税之前，从你的工资中先自动扣除401k养老金，然后把剩余的工资自动存入你的活期账户。就是这样。"

"就这么简单？"佐伊很诧异。

"必须简单,否则你根本不会去做。让它自动发生,否则就不会发生了。"

"让它自动发生。"她一边喃喃地重复自语,一边在手机上输入这几个字。

巴伦再次发言:"政府早在几年前就发现了这一点。直到第二次世界大战之前,勤劳的美国人民都还是先全额领取工资,然后第二年再向政府缴税。问题是,不像政府,美国人民既不懂得制订计划,也不会做预算。"他笑了笑,"所以,后来政府投入了一大笔钱来教我们做预算,好确保我们按时缴税。后来证明这几乎没什么用!于是政府说:'去他的吧!'然后建立了一套简单的系统,把钱收入囊中。"

"自动地就把钱收走了。"亨利补充说。

"自动地,"巴伦也复述了一遍,"甚至在钱发到我们手里之前。这个系统确实有效。我们所挣的每一美元,都会有一部分先交给政府。"

"后来,美国的企业界也如法炮制。"亨利说,"佐伊,你去健身房吗?"

她的确会去那里跑跑步之类的。

"健身房会不会每个月自动从你的账户里扣会

员费？"

她点了点头。"我加入的那天，他们就设置好了。"

"他们当然会这样做！"巴伦插话，"这已经成了现在大多数公司惯用的伎俩，因为非常好用！"

"这就是第二个秘密。"亨利说，"只要把这套系统用在你自己身上就好了。事实上，政府已经为你提供了明确的途径，让你在缴税之前就存到这笔钱。"

"我的401k养老金计划。"佐伊轻声说。

"没错。"亨利赞同，"一种税前退休账户。它还有很多其他类型，比如IRA（个人退休金账户）、SEP（简易雇员退休金）等。其他国家也有类似的政策。尽管名称和细节不同，但它们归根结底都是同一个东西：让你在被征税之前，先把工资自动支付给自己。"

"现在，"巴伦说着把凳子向后推了推，站了起来，"女士们、先生们，如果你们不介意，我要去点一些吃的了。女士，您要点什么？"

佐伊笑起来，说："不用了，谢谢。"她感觉太久没有人称呼她"女士"了。

"您的朋友很有意思。"看着巴伦走向柜台点餐，佐伊说道。

"哦,是的。"亨利回答,"一个相当有韧性的人。一开始他做的是石油生意,后来由于行业低迷,他搬到了纽约,在一家公司的能源部门找了一份工作,主要做可再生能源,比如风能、太阳能之类的,还有废热转换……"说到这里,他用鼻子哼了一声,然后把声音降了个八度,"一些新潮的玩意儿。"

佐伊大笑起来。她对巴伦的印象非常好。

"欢迎来到未来。"亨利说着,看向佐伊,"但你还有一个疑问,对吧?"

"其实有好几个。您不介意吧?"佐伊问。

"请讲。"

好的,那就来问一下吧,她想。佐伊不想显得无礼,但如果不问清楚,她就始终无法对杰弗里的话释怀。

"昨天,"她开始说道,亨利点了点头,示意她继续,"您说应该把一部分收入存起来,存到一个年利率为 10% 的账户里。"亨利再次点头。"我……我想问的是,我有个朋友说这种利率早就没了,只有在过去才有。"

亨利笑了笑。"我知道很多人对此表示怀疑。实际情况是,自 1926 年起,也就是有可靠数据记录的第一年，股市的平均涨幅都在 10% 以上。当然，伴随经济的繁荣和萧条，也会出现牛市和熊市，而且每年的实际收入与这一年的大环境以及你的投资方式有关。然而，如果把这些极端事件放在大环境里看，你会发现情况大致是平均的。市场会上涨，然后下跌，然后再上涨，如此循环往复。从来没有过下跌后就不再上涨的情况。

"在 2008 年经济危机后，人们都说从市场上赚钱的日子结束了。你猜后来发生了什么？"

"市场上涨了？"佐伊问。

亨利笑着说："平均年增长率超过 10%。"

"哇！"佐伊感叹。

"根据历史数据，"亨利补充道，"即使是最传统和保守的股票或债券投资组合，也能给你带来 8% 的可观收益。但确切的数字并不是重点，佐伊。关键是你要把它们存起来，让这个数字通过复利为你创造价值。"

"好吧。"佐伊又想起了她和杰弗里的谈话，"但最后我把这些钱取出来的时候还是要缴税，对吧？所以无论采用哪种方式，最终我都会被征税。"

"确实如此。"亨利答道,"但是如果你现在把一美元留给自己,而不是分一半给政府,那么你现在就会有更多的钱用于投资。时间和复利会为你创造出更多的奇迹般的增长,而且你还不用每年为增长的这部分缴税。"

"来,"他说着,翻到笔记本上新的一页,"我来给你演示一下。"

他开始画草图,上面有一些数字和两条长曲线。

这时,柜台那边突然爆发出一阵喧闹的笑声。佐伊抬头一看,巴伦正在和其他四名顾客眉飞色舞地闲聊。他们玩闹在一起,包括柜台后面的那个年轻人。

亨利无视巴伦的表演,开始解释他的图表。

"假设你投资了10万美元,年回报率为10%。30年后,它将增长到大约66.1万美元。如果你把10万美元存入一个延期纳税账户,同样存30年,你最后会有170多万美元。两者差了近3倍。"

虽然还没完全明白其算法,但佐伊已经大概理解了。"近3倍"的说法已经足够清楚。

把钱存入一个延期纳税账户会有很大不同！

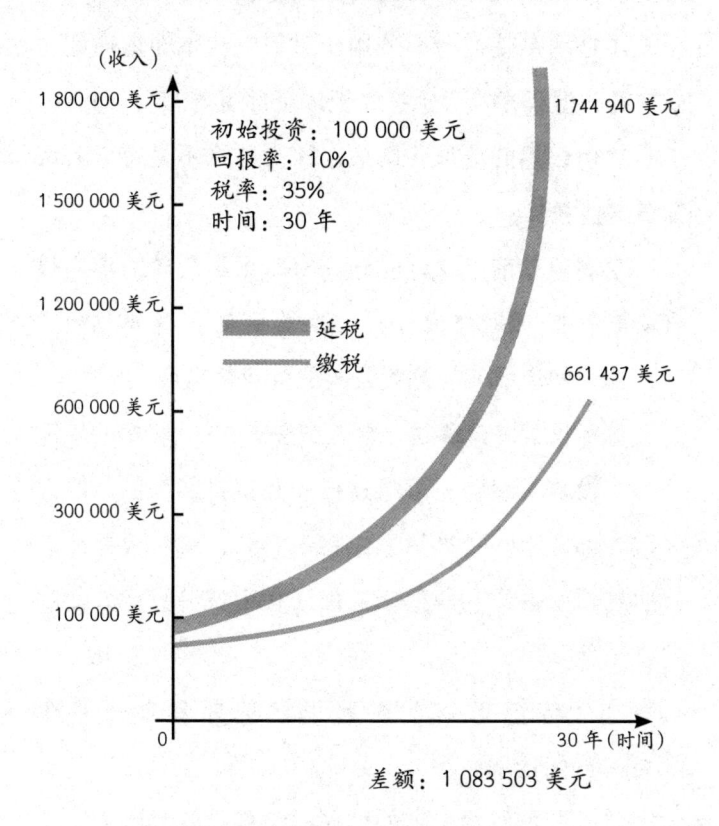

（收入）

1 800 000 美元

1 744 940 美元

初始投资：100 000 美元
回报率：10%
税率：35%
时间：30 年

1 500 000 美元

1 200 000 美元

延税
缴税

661 437 美元

600 000 美元

300 000 美元

100 000 美元

0　　　　　　　　　　　　　　30 年（时间）

差额：1 083 503 美元

亨利补充道："如果你在增长期内先不缴税，钱的增长速度会更快，甚至会呈指数级增长。谁会在意你迟一些再缴税呢？如果你真的想先缴税，可以开设一个永久免税账户。如果可以在两者之间选择：是现在把所有的钱先存在自己的账户里,以后再向政府缴税,还是现在就把一部分用于缴税?我不知道你是怎么想的,但我肯定会选择先把钱全部留着。"

佐伊仍然盯着那张图表。"为什么不是每个人都知道这些呢?"

亨利耸耸肩。"好问题。有时候最简单的事实最容易被忽视,或者被认为……嗯,太简单了,不够刺激。"

"你知道如何吃掉大象的那个问题吗?"

佐伊抿了一口拿铁,点了点头。"一次咬一口。"

"没错,很多人就是这样一点点富起来的。但大多数人都认为,变富的方式是中彩票,或者很走运地被朋友建议去买了一种新的加密货币或一只无人知晓的科技股。"

这让佐伊想到了杰弗里和他要开发下一个Instagram 的计划。

"或者容易发生意外的姑姑突然被钢琴砸中,于是你继承了一大笔遗产。"好记性,佐伊笑着想。"又或者你突然在家里的后院发现了埋藏的宝藏。你知道它们有什么共同点吗?它们本质上都是同一种虚无缥缈、没有意义的希望,那就是,总有一天好运气会轮到我。

"在电影里,这种事当然并不稀奇。但在现实中呢?"他摇了摇头。"每当有人抽到一张中奖彩票,背后都有数以百万计的人在排队等待那张永远不会到来的彩票。他们坐在岸边望着大海,希望那艘满载货物的船能来到自己面前。这是一个童话故事,一种用幻想来安慰自己的方式。它让人们觉得也许这样就不用面对现实了。"

"啊,"她说,"这听起来太惨淡了。"

"没错。但对很多人来说,生活就是惨淡的。这是梭罗所说的'沉默而绝望的生活'在财务上的表现。"

"但是,佐伊,不一定非得如此。你的船其实就在这里,在你脚下。你站在甲板上,而船已经起航。船长就是你。

"问题是你给它设定了什么方向和航线呢?"

"来了!"巴伦响亮的声音传来。他走到他们身边,在桌上放下一只盘子,上面有两块厚厚的蛋糕。接着,他又把一只咖啡杯放在佐伊面前。"西葫芦面包,"他说,"和一杯拿铁。"

亨利抬头一看,发现柜台前的队伍已经排到了店门口，于是他站了起来。

"抱歉，我要先去忙了。"说完，他向柜台走去。

巴伦又从他放在旁边桌子上的小托盘里端出一只小小的陶瓷杯，里面盛着热饮料。"再来一杯新鲜的热咖啡吧，纯的，为了……"

THE LATTE FACTOR

07 大帽子，没有牛

"巴伦！"一位娇小优雅的女士走到巴伦身边，拍了拍他的手臂，"你又在为难别人了。"

"佐伊，来见见我的妻子。乔治娅，这是亨利的朋友佐伊。"巴伦说。他转向佐伊，用神神秘秘但足以让妻子听到的声音说，"我真是搞不懂。每次我们来这里，她都会一直站在那里看那些照片，明明上次已经看过了，就好像它们趁我们不注意发生了什么变化一样！"

女人并未理会他的话，只是看了看佐伊，然后坐在了亨利空出来的那张椅子上，说道："巴伦来这里完全是为了闲聊，而我是为了欣赏艺术。很高兴见到你，佐伊。"她伸出手，轻轻地和佐伊握了握手。

佐伊大笑。"我两者兼有。不过还为了这里的咖啡。"

"哦，没错。"乔治娅附和。巴伦吃着西葫芦面包，她则吹着手中的热咖啡说，"这家店的咖啡很好喝。"

"不介意的话，方便问一下你们俩是怎么认识亨利的吗？"佐伊问。

乔治娅还没来得及开口，巴伦就答道："那是段有趣的回忆，应该是……15年前吧？"

"18年前。"乔治娅纠正他。

巴伦耸了耸肩。"没错，应该是，反正是很久之前了。当时经济开始复苏，石油生意也随之火爆起来，日子很好过。我自认是个精明的商人，还自诩是俄克拉何马州的石油大亨和宇宙的主宰。说实在的，那时的我就是个白痴。真正有金融头脑的人在这儿。"说到这里，他偏过头看了一下身边的乔治娅，"但我确实很固执，根本没有意识到这一点。"然后他看着妻子问道："对吧，亲爱的？"

"无可奉告。"乔治娅回答。

巴伦接着说："在得克萨斯州有这样一种说法：'大帽子，没有牛'，意思是背后没有真正的资产来支撑。我就是这样的。我过度扩张了自己的生意。"他再次看了一下旁边正在小口喝咖啡的乔治娅。"是我强迫她跟我一起做的,所以应该说那是我们两个人的失误。后来出现了经济危机,石油生意也一落千丈,生活开始变得艰难。"

巴伦望着亨利,他正站在柜台前面,忙着为顾客冲咖啡。"他告诉你要怎么变富了吧?"

"每天存一美元。"佐伊回答。

这时,乔治娅再次开口:"可是那也可能会让你失去一笔财富。"

"没错。"巴伦点了点头,回头看着佐伊,"第一个100万最难赚到,但也最容易飞走。不知道为什么,人们总是最后才明白这一点。"他耸耸肩,叹了口气。

"后来有一天,我衣衫不整地坐在医生的办公室里,他摆弄着机器和听诊器之类的东西,听了听我的心跳,又做了各种检查。然后他清了清嗓子说:'巴伦,我要告诉你一件事。'他告诉我,如果我不戒掉烟酒,而且继续每天吃10磅(约4.54千克)猪肉,我就会死。

"然后我说:'不要拐弯抹角了,医生。请直接告诉我该怎么做。'

"他说：'巴伦，你做个选择吧，要维持这些恶习，还是保住你自己的命。'

"于是我就坐在那张台子上，盯着他看了整整一分钟。最后他问我：'怎么样，你想好了吗？'

"'再给我一分钟！'我说，'我还在考虑。'"

说到这里，他把头往后一仰，放声大笑起来，笑得前边的几个顾客都转过身来，小心翼翼地确认发生了什么事。而附近几张桌子边的客人甚至没看这边，就跟着笑起来了。佐伊觉得他们应该都是常客，以前都听过巴伦的故事。

"我确实考虑了，而且一考虑就是好几个月。虽然一直没有实际行动，但我确实在想这件事。我想得最多的是：是在开玩笑吧，让我不吃红肉，不抽烟，不喝鸡尾酒，也不再来这里。而且我并不酗酒，我的问题只是超重80磅（约36.28千克）以及过度自信。这是一场比赛，看谁会先倒下：我的信用还是我的婚姻。"

"还有你的心脏。"乔治娅插话。

"哦，对，把这个忘了。"

"嗯，你大概把你的心脏搭桥手术也忘了吧。"她说。

他咯咯笑起来:"对,还有这个。"

佐伊很喜欢他们的相处方式,像经验丰富的脱口秀组合一样,一唱一和。他们和她的父母年龄相仿,可最后一次看到父母这样笑是什么时候,她已经记不清了。

"多年前,巴伦来纽约出差,突然心脏病发作。我从塔尔萨赶过来的时候,他已经准备好接受手术。"乔治娅说。

"亲爱的,"仅仅十秒钟没说话,巴伦似乎就已经坐立难安,"我去那边看看,再重新帮你点一杯新鲜的咖啡吧。佐伊,你要点什么?"

"谢谢,不用了。"佐伊说。

巴伦站起来慢吞吞地向柜台走去。佐伊转向乔治娅,问道:"然后呢?"

过了好一会儿,乔治娅才继续说:"我们——"佐伊突然意识到她的眼睛里充满了泪水,"我们差点儿失去他,这个顽固的家伙。"她笑着用餐巾擦了擦眼睛。"他不听任何人的话:医生的、我的,甚至女儿的。"她深吸了一口气,然后抿了一小口咖啡,"但是他听亨利的。"

"亨利？"佐伊试图把这两个人联系起来：一位是来自俄克拉何马州的石油大亨，一位是在布鲁克林的咖啡店上早班的咖啡师。

"是的。"乔治娅说，"当时我们不可能立即回去。而且即便巴伦出院，也还得继续在这里待上一段时间。就像电影里说的，'别打算离开这座城市。'"她笑了笑，面容很平静，"于是我们开始四处参观布鲁克林的艺术画廊。有一天，我们来到这里喝咖啡，立刻被这里的画吸引了。然后我们见到了亨利。他和巴伦一拍即合，很快就开始探讨起人生道理。"

"关于钱吗？"

乔治娅笑了。"关于食物、生活方式、生存，诸如此类。记得有一次，他告诉巴伦：'你应该像积累财富一样去积累你的健康。'"

然后二人异口同声地接话道："一次咬一口。"

乔治娅看着她，温和地笑了笑。"巴伦确实听进去了，感谢上帝。"然后她摇了摇头，"不过钱的问题很快就来了，尤其是拿到医院的账单后，我差点儿被送进心脏病房。"她看着佐伊，问道："亨利刚才是不是说，'其实你已经很富有了，只是你还不知道'？"

佐伊点了点头，心想，她都听到了。

"跟你相反，那时我们已经破产了，只是还没有意识到。"

她又停下来喝了一小口咖啡，然后重新看向佐伊。"我不知道我们的缺口有多大，财务上的事向来是巴伦负责。直到他病倒后，我才打开邮件去看了看情况，发现我们几乎走投无路了：所有的房子都已经被抵押，有一堆被刷爆的信用卡，而且我们一直都是只支付每月的最低还款额。"

佐伊抖了一下。支付每月的最低还款额，她就是这样还信用卡的。

"我知道这很糟糕，"乔治娅接着说，"但我不明白的是，我们怎么会沦落到这种地步。一天，亨利向我解释了这件事。他说：'乔治娅，如果你有 2 万美元的信用卡欠款，而你每月只还最低还款额，那么你将需要大约 18 年的时间才能还清所有欠款，总计超过 4.6 万美元。'我差点儿晕倒。这是最初欠款的两倍多！"

"哇！"佐伊吃了一惊。

"那还只是其中的一张卡。"乔治娅说，"要补上我们的窟窿,至少要把这个数字再翻几番。亨利肯定也跟你说过复利的奇迹吧?"

佐伊点了点头。

"嗯,这是把双刃剑,有利有弊。债务同样也会复利,而且一旦开始,就会疯狂增长,变得相当可怕。"她摇摇头,"我原本以为我们非常成功,但并非如此。我们只是徒有其表罢了。"

佐伊的思绪又回到了她星期一早上看到的那个奇怪的广告画面:一艘船搁浅在沙滩上。

如果你不知道去往何处,那么你可能也不会喜欢最终的结局。

"后来你们是怎么做的?"她问。

"亨利帮我们逐步理清了状况,然后我们卖掉了在塔尔萨的豪宅和两处度假屋。还完贷款后,我们所剩无几,但这也算解决了一件大事。剩下的钱只够付首付在曼哈顿买下一套小公寓。从那以后,我们再也没回过俄克拉何马州,就留在这里慢慢地重新开始了。"

"如巴伦所说,戒烟带来了意想不到的好处,不但挽救了他的生命,还帮我们省下了一大笔开支。"她笑起来,"亨利跟你说过拿铁因素吧?"

佐伊点了点头,心想,以后一定要问问亨利这到底是什么意思。到现在她还一头雾水。

"巴伦称之为他的香烟和雪茄因素!"乔治娅继续说,边说边举起手在脸前挥了挥,好像要驱散什么有毒的烟雾,"戒掉这些后,他在一个月内就像换了个人一样。他不再咳嗽,这又节省了一笔看医生的钱。"

"我们停用了所有信用卡。花了几年时间还清里面的欠款,但我们做到了。我们开始只买二手车。我妈妈常说,'绝境使人富有。'"她笑了笑,"她的座右铭是:买二手货,付现金。"

她喝下最后一口咖啡,然后放下了那只空的小咖啡杯。

"不仅仅是这些,"她说,"亨利不仅挽救了我们的经济和巴伦的生命,还拯救了我们的婚姻。因为从那以后,我们开始经常讨论关于金钱的话题。不是争论,而是一起讨论和解决问题。"

"金钱一度让我们差点儿粉身碎骨,但现在它又像胶水一样把我们粘在一起。"

"亲爱的,你结婚了吗?"乔治娅问道。见佐伊摇摇头,乔治娅继续说:"好吧。永远记住,金钱是婚姻失败的最大原因。问题不在于钱本身，甚至也不是因为缺钱，而在于缺乏共同探讨和解决问题的能力。"

"我永远不会忘记我们第一次坐下来坦诚地谈论金钱、生活和未来的那一天，我们分享了自己真正想要什么，以及要怎样做才能实现这些目标。那时，我们穷得像过街的老鼠，却能心平气和地坐在桌边谈心。"

她笑了。

"当时，我觉得自己是世界上最富有的女人。"

她们陷入了短暂的沉默。

"从那以后，我们就经常到亨利的店里来。不久，亨利就给巴伦工作的能源公司投了一大笔钱。现在他们俩又开始不停地谈论一些新技术之类的。怎么了，亲爱的，你没事吧？"

佐伊好像听到了什么不可思议的消息，愣在那里。乔治娅刚才说亨利投资了一大笔钱？佐伊的大脑飞速运转。"等一下，你刚才说，从那以后你们就经常来亨利的店里？你是说亨利是这里的老板？"

乔治娅拍了拍佐伊的手。"亲爱的，没错，这是他开的店。"

"乔治娅？"巴伦的声音传来。他回到桌旁，用食指轻轻敲了敲手表的表盘。

"好的。"乔治娅说着站了起来,"我得去机场接女儿了。下星期见,亨利!"她大声地说着,然后二人朝门口走去。"很高兴见到你,佐伊!"

佐伊一动不动地盯着眼前的拿铁,头都没抬。

THE LATTE FACTOR

08 金钱的三个误区

在去公司的地铁上，佐伊的脑子里一片混乱。

她为什么会觉得亨利只是店里的咖啡师呢？但这不是芭芭拉说的吗？她回想了她们星期一吃午餐时的谈话。不，芭芭拉说的是每天早上在里面煮咖啡的老家伙。咖啡师是佐伊自己的看法，因为她看到亨利总是在柜台后面帮顾客冲咖啡，才理所当然地觉得他只是一名雇员。而且，他表现得也不像是那里的老板。

不过芭芭拉肯定知道，对吧？她为什么不提呢？她让佐伊去跟他谈话的目的又是什么？佐伊想，一到公司，她就要立即问清楚此事。

但她没有。事实上，从到办公室后，她就一直避免与芭芭拉有任何接触。

今天是星期四。星期一之后，佐伊就没有和她的老板说过话，这并非偶然。尽管佐伊不想逃避，但她真的害怕跟她说起自己打算跳槽的事。

她还没有做最后的决定，所以最近也在回避杰西卡。不过必须承认，这确实是一个不容错过的大好机会。她厌倦了每天庸庸碌碌，无法出人头地又看不到尽头的感觉，她甚至梦到过这个画面。对她来说，每个月的助学贷款仍然是不小的压力。这种压力甚至越来越大。

这让她想起了被乔治娅称为双刃剑的"复利的奇迹"：债务同样也会复利，而且一旦开始，就会疯狂地增长，变得相当可怕。

没关系，佐伊心想。表面看来，虽然乔治娅和巴伦很大程度上是靠自己扭转了局面，但其中绝对有亨利的功劳！

所以她觉得很幸运，因为亨利会为她提供很多办法。不过，他的每句话里好像都有些让人无法理解的部分，这一直困扰着她。

于是她一边思考，一边做着手头的工作。她整理好所有文章，开始对春季刊进行最后的排版。

"去吃饭吗？"

佐伊转过椅子看着芭芭拉。已经一点钟了吗？

"我今天不吃了，芭芭拉。"她办公桌最上面的抽屉里有一根蛋白棒。她打算中午靠它对付一下。

"好吧，随你。"芭芭拉说。

佐伊又埋头工作起来。大约一分钟后，她回头看了一眼，发现芭芭拉仍然站在那里看着她。

"所以，你跟亨利谈过了？"

佐伊叹了口气。"是的。不过，你为什么没告诉我他是那家店的老板呢？"

"那的确是他的生意。"芭芭拉回答，"但是你也没有问啊。"

"好吧。"佐伊想了一会儿，问道，"那么，你为什么让我去跟他聊天呢？"

芭芭拉耸了耸肩。"就像我说的，他看待事物的方式很不同。而且你不停地抱怨自己什么都买不起，坦白说，我耳朵都听出茧子了。"

佐伊大笑，然后看到芭芭拉眼睛一亮，也差点儿笑出声。

"而且，"芭芭拉补充说，"我也没有强迫你，只是轻轻推了你一下。"

"是很用力地推。"佐伊评价道。

"哈哈,"芭芭拉停顿了一下说,"然后呢?"

"然后什么?"

"然后,亨利这几天肯定已经告诉你了一些事。你有什么想法吗?"

佐伊叹了口气。"我不知道,芭芭拉。"她看了一眼电脑,又转向她的老板,"我……真的不擅长和钱打交道。"

芭芭拉走到她座位的隔板前面,靠在那里,缓缓地摇了摇头。"佐伊。"

"什么?"佐伊问,她尽量不让语气听起来有抵触。

"我通常不会干涉下属的私生活,但今天我要告诉你每个女人都应该知道的一些事。不介意吧?"芭芭拉问。

"当然,老板。"佐伊说。

芭芭拉不喜欢被称作"老板",不过这次她没介意。"我是认真的。你有没有在听?"

"在听。"佐伊回答。

芭芭拉走过来,坐在佐伊桌子的一角,说:"我要说的是关于金钱的误区。新闻学院不会教给你这些,商学院也不会。"她低头看了一眼佐伊的桌子,"不记一下笔记吗?"

于是佐伊又转向她的笔记本电脑,坐好并摆出打字的手势,然后抬起头看着芭芭拉。"金钱的误区,是你在学校里无法学到的。"她复述了一遍。

芭芭拉点了点头。"第一个误区就是,认为只要赚到更多的钱,你就会变得富有。"

佐伊新建了一个文档,打出一个标题:

误区 1
只要赚到更多的钱,你就会变得富有

"亨利应该已经告诉过你这一点了,对吧?"芭芭拉问。"收入多少与你的经济状况是否稳定几乎没什么关系。

"大部分人都觉得是收入问题,其实不然。问题在于他们的开支。请别误会,有不错的收入当然很棒,但是追求高收入并不一定能解决你的财务问题。"

佐伊一边打字,一边极力控制自己不显露出任何情绪,比如愧疚。芭芭拉怎么知道她在考虑去上城区

的那家公司工作？不过这也不奇怪。毕竟，就像在高中一样，纽约的媒体界没有秘密。

"当你涨工资的时候，"芭芭拉继续说，"你的财务问题只是在以前的基础上被扩大了而已。因为财务问题是由你的财务习惯决定的，它不会因为收入增加而改变。解决你的财务问题的办法不是拥有更多的钱，而是去培养一种新习惯。

"还跟得上吗？"

"嗯。"佐伊一边打字一边回答。事实上，她并没有跟上。她理解其中的逻辑，但仍然充满疑惑。她的财务问题就在于没有足够的钱啊！赚更多的钱怎么可能解决不了这个问题呢？

"让你的财务状况稳定的，不是更高的收入，而是理性的储蓄和投资。这也就引出了第二个误区，即你首先要拥有大量闲置的资金。你一定听说过这样一句话：赚钱需要钱。

佐伊点了点头。

"这种想法非但不对，还错得很离谱。这就是误区 2。"

佐伊另起一页，输入另一个标题：

误区 2
赚钱需要钱

"'我赚的钱不够投资',你知道我听过多少女性这么说吗?"芭芭拉说道,"每次听到这句话,我都嗤之以鼻。它的意思就像是'没有一笔意外之财,我就不会成功'。把基本的财务自由说得像高级俱乐部一样,必须得缴纳巨额会费才能进入。

"事实根本不是这样。积累财富并不需要一大笔钱。亨利给你看他画的图表了吧?每天存5美元或10美元之类的。"

佐伊点了点头。

"嗯,他并不是信口开河,因为数字不会说谎。复利的力量就像重力一样真实。大部分已经实现财务自由的人就是这样逐渐积累财富的。一开始并不需要多大的投入。你要做的就是面对现状,决定你接下来要做的事。

"另外,不要再对自己说'我不擅长理财',因为这根本不要求你是数学天才或华尔街奇才。你只需坦诚地面对自己。在当今社会，这是一种很稀有的品质，但你拥有它，佐伊。这是我一直很欣赏你的一点：你从不吹牛，一直非常诚实。"

佐伊感到自己的脸在灼烧。她把手从键盘上挪开。"芭芭拉，我明白你的意思，真的。但是，我不知道该怎么说……我不想自己的生活好像总是在围绕着钱打转。"

"当然没有，"芭芭拉说，"恰恰相反，这是为了让你拥有更好的生活，从此不再总是因为缺钱而苦恼。顺便说一句，这只能靠你自己。

"因为事实就是如此，佐伊。这也就是下一个误区，或许是最重要的一个，即认为在艰难的时刻，会有另一个人——你的丈夫、财务顾问，甚至白马王子——赶来救你于水火。换句话说，就是认为别人会照顾你。"

佐伊再次打出了标题。

误区 3
别人会照顾你

芭芭拉接着说:"事实上,人们并不会真的把这句话说出口,至少大多数人不会。但他们的选择和行为表明了这一点。有些女性认为'我的男朋友、丈夫、父亲或财务顾问会帮我打理好财务'。还有些则认为,'即便放着不管,也不会出现大的财务问题。'我要说的是,这些想法大错特错。"

佐伊想起了乔治娅说过的话——"我不知道我们的缺口有多大。"还有母亲说过的话——"你的父亲会打理好一切。"

"不会有白马王子带着一大袋钱来救你。佐伊,你必须做自己的白马王子。

"另外,这个道理同样也适用于男性。世界上到处都是这样的人,他们期待着某个人——他们的律师、股票经纪人、公司,甚至下一任美国总统——总之,会有人帮助他们搞定财务问题。但事实并非如此。

"财富就像健康,你的健康不会凭空而来。你不能把自己的健康托付给别人,你的财富也是如此。它们完全掌握在你自己手中,而不是他人。"

佐伊打完字,想了一会儿,然后抬头看着芭芭拉。"你刚才说,要告诉我每个女性都应该知道的事情。"

芭芭拉点了点头。"接下来让我们来谈谈女性的问题。"

"即使现在的社会已经足够开明,女性的平均收入仍然比男性低 20%。企业裁员对女性造成的伤害比男性更大,女性要花大约 10 年时间抚养孩子和照顾年迈的父母,因此她们的退休账户里的钱比男性少 34%,而且她们的社会保障福利明显也更低。然而,请注意,由于女性的平均寿命比男性长 7 年左右,而且在美国约半数婚姻以离婚告终,因此任何一名女性都很有可能独自度过退休后的时光。80% 的男性去世时是已婚状态,这意味着 80% 的妇女到去世前要独自生活很多年!在她们的丈夫去世后,五分之一的女性生活困顿。"

她停顿了一下,让佐伊有时间记录。

佐伊开始怀疑自己为什么要记下这些话,因为它们太令人沮丧了。这让她想起了她的母亲,想起这些天来她憔悴的声音,她从未提起过的反复发作的背痛(但父亲曾在通话中无意间说起了),还有她最近正在经历的流行性感冒。如果父亲去世了,她该怎么办呢?

"你在听吗?"芭芭拉问。

佐伊抬起头来:"嗯,是的。这太让人绝望了。"

"的确,"芭芭拉说,"完全称不上美妙,但非常重要。二十几岁的时候,你可能很难明白这些,因为'退休'是如此遥远,这一切似乎都不那么真实。然而,时间转瞬即逝。有太多的女性有一天突然醒来,发现自己孤身一人、身无分文,而且别无选择。她们想,'我怎么会落到这步田地呢?'"

佐伊的脑海里又闪过了星期一早晨在西广场巨大的 LED 显示屏上看到的画面:一艘船搁浅在沙滩上。这艘船的船长应该也会问自己同样的问题。

芭芭拉离开后,佐伊又在桌前忙了约一个小时,突然想到还有一件一直困扰着她的事要问亨利。她懊恼地拍了一下自己的额头,差点儿就忘记了。

那天早上,她问了亨利几个问题。

10% 的利息是否是一个现实的预期,以及税收问题。但这些都是杰弗里的疑问,不是她的。杰弗里最大的质疑是,作为一个 70 多岁的咖啡师,他能知道什么?乔治娅显然已经解答了这个问题:这个男人根本不是咖啡师,他是那里的老板。他的"让它自动发生"的言论似乎已经打消了佐伊的顾虑,使她不再担心自己是否足够自律，能够在很长一段时间里都"先投资自己"。

然而，这些都不是真正困扰她的。

她需要再找亨利谈一谈。

那天她下班路过咖啡店时，柜台后面的青年是怎么说的呢？只要他愿意。通常在3点左右，也可能更晚或更早一点。

她扫了一眼电脑菜单栏上的时钟，显示是下午两点一刻。她还能赶过去吗？也许吧——如果她能立即跑过去。

佐伊不明白自己为何感到如此紧迫。这到底有什么关系呢？此刻，她感觉自己无论如何都要问这个问题，听听他的回答。她必须现在就做。

她把笔记本电脑塞进包里，冲到芭芭拉的办公室，告诉她自己要早走一会儿。"我有点儿事！"她边喊边冲向电梯。

THE LATTE FACTOR

09　拿铁因素：消费方式能改变生活方式

她赶到海伦娜咖啡店门口时，亨利正要出门。

"哎呀，"他说，"真是个意外的惊喜。"

"我……我有个问题要问您。"佐伊气喘吁吁地说。一路跑了六个街区过来，她现在有点儿喘不过气来。

"没问题。"他说。他回头看了一眼身后的门，又看了看佐伊刚跑过来的那个街角，最后转向她，问道："一起喝杯咖啡吗？"

佐伊正要说"好"，然后跟他进店里，只见他轻快地沿着街道向前走去。她只好跟上去。亨利走到拐角处，转过身来，在第一个门口停下来，为她打开门。

他们来到了星巴克。

佐伊犹豫了一下，满脸疑惑地看着他。

"请进。"他微笑着说。

09 · 拿铁因素：消费方式能改变生活方式

他们走进去，来到点单台前。

"请来杯双份浓缩拿铁，"佐伊说，然后又加了一句，"要半脱咖啡因。"

"一杯热茶和一份英式早餐。"亨利说道，然后他一起买了单。虽然佐伊拒绝了，但他坚持这样做。果然老派，佐伊笑着想。他们在后方的一张小桌旁坐下。

"怎么说呢，和您一起坐在星巴克喝咖啡，这感觉太奇怪了，好像会遭天谴。"佐伊说。

亨利大笑起来："是吗？"

"嗯，"她答道，然后喝了一口拿铁，"不过来打探一下对手的情况也不错。"她与亨利轻轻碰了下咖啡杯，做了一个无声的干杯仪式。"敬深入虎穴。"

亨利神秘地笑了笑，把茶包在滚烫的热水里浸了好几次。

"我必须承认，在知道您是那家咖啡店的老板之前，我很想问'作为一位咖啡师，您是怎么知道财务自由的秘密的？'"

亨利挤出茶包里多余的水，把它放在一边，然后严肃地看着佐伊。"你的意思是，如果我说的'先投资自己'的那些理论真的奏效，那么像我这样一个 70

多岁的人,为什么还要在咖啡店里摸爬滚打吗?"

佐伊脸红了,不由得低下了头。"不,我是说……"她又抬头看着她,苦笑着说,"是的,大概是这个意思。"

亨利咧嘴一笑,吹了吹热茶让它凉下来。"先大概跟你说说以前的事吧。30多年前,当我开海伦娜咖啡店时,我在这一带有很多朋友。现在他们都已经不在了……"

"我很抱歉。"佐伊刚说出口,亨利就笑了起来。

"不,不,"他说,"他们没有去世,只是搬走或破产了。知道为什么我还在这里,为什么我的店活下来了吗?"

"因为咖啡很好喝?"佐伊问道,"不,应该不仅仅是这样。是店里的氛围好吗?"看到亨利再次露出神秘的微笑,她又补充道,"难道是因为有一位非常爱您的忠实客户?"

亨利大笑起来:"听起来不错,谢谢你。但都不是。我还在这里,是因为我买下了那栋楼。"

"您买下了那栋楼。"佐伊重复了一遍。

"还有它隔壁那栋,"亨利补充道,"后来又买了那条街上的另外几栋。"

佐伊完全惊呆了，一时间什么都说不出来，之前对亨利"古怪的咖啡师"的印象轰然倒塌。

"佐伊，人大致可以分为两种。人每天都在花钱，同时也在积累财富。每个人都是如此。问题是，为了谁？

"你曾说过自己租房住。当你租房时，生活是被动的。一旦有了自己的房子，你对生活中的各种事件就有了话语权。有了自己的家，就拥有了自己的生活。

"以星巴克为例。当它刚出现时，没有人拿它当回事，都觉得不会持续太久。毕竟，梦幻而昂贵的咖啡听起来很不靠谱。它不但坚持下来了，还飞速发展。不久以后，附近其他咖啡店的生意开始受到影响。我所有的朋友都很沮丧，而且试图与之抗争。他们进行过游说和各种反对活动。"

说到这里，他停了下来。佐伊立即意识到她该问什么了。"那您呢？"她问道。

亨利笑了笑："我买了股票。"

她放下咖啡，看向他："等一下，您是说星巴克的股票吗？"

"是的。在其他人要么来买咖啡、要么抵制它的时候，我去买了他们公司的股票。"

"星巴克的股票。"佐伊重复道。

亨利靠得更近了一些,用食指敲着桌子,强调他接下来的话。"如果你在星巴克1992年上市时购买了1 000美元的股票,你知道它现在的市值是多少吗?"

"不知道。"佐伊说。

"近25万美元。"

"哇!"她惊叹道,"您真的是在和自己的对手做生意啊。"

亨利再次大笑:"嗯,也可以这么说。我的想法是,每当有人到这里买咖啡,都会发生两件事。第一件,他们提供了一小部分业绩,即一杯咖啡的价值;第二件,由于我持有一部分星巴克的股票,所以他们的行为增加了我的财富。"

佐伊回想了一下他的话:"您刚才说,世界上有两种人。"

亨利点了点头:"没错。承租者和出租者,而且你可以根据需求随时在两者之间切换。

"如果你学会先投资自己,然后把这部分钱用于买房、创业、投资股票,或者以任何方式投资自己的未来,你就是在掌控自己的人生。

"大多数人都会把自己的生命租借或抵押出去。但他们应该学会先投资自己，而且让这个支付过程自动化，这样就能坚持下去。日复一日，年复一年，他们终将拥有自己的生活。"

"或者像你一样，拥有自己的生意。"佐伊补充道。

他点了点头："买下那栋楼的时候，我把它看作对我的社区和生意的一种投资。随后几年，它升值到了100万美元以上。我想说的是，我当时是怎么买下那栋楼的。我可以向你保证，我既没有中彩票，也没有写出热门歌曲，更没有在家里的后院发现宝藏。"

"也没有一位有钱的姑妈吗？"

亨利笑了："没有。事实上，我是通过先投资自己，经年累月，逐渐积累起来的。"

佐伊若有所思。亨利看得出有什么事情在困扰着她。

"这就引出了你的问题。"他说。

"是的。"她犹豫了一下，继续说道，"回去以后，我又看了那张图表。每天存25美元到我的账户，然后40年后我一共会有超过300万美元。可是，这25美元是从哪里来的呢？"

"这个嘛……"亨利说。他又吹了吹手中的热茶，然后小心地啜了一口。

"您说过,增加收入不是解决问题的办法,但是您又说我应该从工资里先拿出 10% 存起来。如果您是说一个小时的工资,实际上比 10% 还多,因为八分之一实际上超过 12% 了。从理论上讲,这很棒,如果我真的拿不出这么多钱,该怎么办呢?"

亨利点了点头。"佐伊,"他说,"这就是拿铁因素发挥作用的时候了。"

啊,终于要讨论拿铁因素了!佐伊不自觉地坐直了身体。

亨利把手伸进口袋,掏出一张 5 美元的钞票,放在他们两人中间的桌子上。"还记得这个吗?"

"当然。每天存 5 美元。"她说,"复利的奇迹。"

"没错。"亨利说,"现在让我们把这个想法运用到你的咖啡上。"

佐伊看了看手里的低因拿铁,又看了看他:"我的咖啡?"

"一杯多少钱?4 美元?"亨利问。

"4.5 美元。"佐伊回答。

"好的。看起来是一笔完全无关紧要的花费,对吧？请注意，假设你把这'无关紧要'的 4.5 美元存入账户，复利的力量就开始发挥作用。一个星期 5 天，持续一年。不算利息，一年后你会有……"他歪着头计算，"你会有近 1 200 美元。"他看着她，"还记得那张照片上的价格标签吗？"

她当然记得。正好是 1 200 美元。

佐伊盯着她的拿铁，然后又看了亨利一眼，说话时，她的声音由于激动而沙哑。"您的意思是，一年后我就可以用这杯拿铁买到那幅画？"

亨利又喝了一口茶。

"哇，"她说，"这杯咖啡真是威力强大。"

他笑了："佐伊，这就是拿铁因素。"

"咖啡复利的奇迹。"她喃喃地说。

他端起茶，轻轻碰了一下她的咖啡杯。"敬你的米克诺斯岛照片，它将让你客厅的墙壁光芒四射。"

佐伊坐在那里，思考着，然后问道："那么，以后早上我都不能再喝咖啡了吗？"

亨利的笑容褪去。他放下茶，把两只手放在桌上，看着她。"佐伊，"他说，"请不要误解我的话。我没有让你不再喝拿铁。不是咖啡的问题，这只是一个比喻。它可以是任何你花钱买来却意义不大的东西,比如一盒香烟、一包糖果、一杯鸡尾酒等等。"

"拿铁因素并不意味着要对自己小气,或者压抑自己的欲望,而是要弄清楚什么才是对自己最重要的东西。它是一些日常的小奢侈或轻率的花费,无论是每天 5 美元、10 美元,还是 20 美元。你可以几乎不费力地把它们存起来,投资到自己的未来中。从给自己花钱转变为先投资自己,秘诀就在于放弃一些小东西,去做一些大事情。

"关键不是你不能花钱。你当然可以,而且也应该这么做。生活就在于享受。你可以给自己买任何你真正想要的东西:一套漂亮的衣服,出去吃顿饭,或者去看一场演出。只要你已经'先投资自己'。"

佐伊慢慢地摇了摇头。她仍然盯着手里的咖啡杯,想象着咖啡店墙上那张巨大而华丽的镶框照片,试图在脑海中把两者联系起来。

"来,"亨利说,"帮我一个忙。告诉我,你的一天通常是怎么过的。比如今天,你离开公寓后做的第一件事是什么?"

"在海伦娜店点了一杯双份浓缩拿铁,"她轻声说,"我的1 200美元的拿铁。"

"然后呢?"他拿出铅笔,在餐巾纸上简单地记录了一下,"只点了拿铁吗,还有没有其他的?"

她挑了挑眉:"不,不只是拿铁,还吃了一块松饼。通常我会买加葡萄干或燕麦苹果的,总之是那些看起来最有营养的。顺便说一句,都很好吃。"

"我记得它的价格是2.75美元。"他又在餐巾纸上草草记下一个数字,"感谢你的惠顾。然后呢?"

"您的意思是,我要花钱的下一件事情吗?"

"没错。"他说。

"嗯,是地铁票,大概几块钱。确切地说,也是2.75美元。"

亨利挥了挥手:"交通。这没什么可说的。接下来呢?"

佐伊回想了一下自己上午的习惯:"有时候我会在10点左右休息一下,然后去楼下的榨汁机那里拿一杯鲜榨的有机果汁。"

"它的价格是多少?"

"7美元。"

"7美元。"亨利重复了一遍并记了下来,"下一个是什么？"

"嗯，午餐。我的老板会从家里带，但是我通常在公司的自助餐厅里吃，价格是……"她皱起眉头，试图回想它的价格，"14美元。"

亨利抬起头："午餐后还有其他的吗？"

"没有了，就这些。"佐伊想了一会儿，"哦，等一下。再加一瓶瓶装水。1.5美元。"

亨利扬起眉毛。"哇，"他说，"这水有点儿贵。"把这笔钱也写下来后，他把餐巾纸转过来给佐伊看。"来看看到目前为止你的花费吧。"

早上的咖啡	4.5美元
松饼	2.75美元
鲜榨果汁	7美元
午餐	14美元
瓶装水	1.5美元
合计	29.75美元

"还记得你一个小时的工资是多少吗？"亨利问。

"那笔可以让你退休时银行账户里有超过300万美元

的钱?"

"25美元。"佐伊低声说。

亨利点了点头。"看,你已经远远超出那个数字了,而且我们还没把你下午喝的这杯低因咖啡算进去。"他示意了一下她面前的拿铁,"就是这杯可以让你买下那幅米克诺斯岛照片的咖啡。"

她盯着那张餐巾纸。

他拿起餐巾纸递给她。

"拿铁因素,"他说,"并不是说这些钱都不该花,毕竟你肯定要吃饭。假如你可以早上在家自己煮咖啡,带点儿水果去公司,也许还可以带午餐,这样就能把每天一半的花费省下来,存到你的退休账户上,这种生活习惯上的简单改变就能让你存下一大笔钱。"

他的话让佐伊想起了几小时前芭芭拉说过的话。

解决你的财务问题的办法不是拥有更多的钱,而是去培养一种新习惯。

她把餐巾纸塞进口袋里。"嗯,所以我应该记下每一笔小开销,然后每天晚上仔细检查一下,看看能从哪些地方减少开支,对吗?"对佐伊来说,这简直是一种残酷的折磨。

"不不不,"亨利说,"完全不是这样!不要执着于省钱,也不要总是去记录你花的每一分钱。记住,预算没有用。这样做只是为了给自己一点儿暗示——其实你已经赚到了足够的钱去积累财富。"

佐伊抬头看着他。

"您的意思是,我比自己想象中更富有。"她说。

"你比自己想象中更富有,"他附和,"真的是这样。你现在挣的钱足够让你在经济上独立。但是,就像大多数人一样,当你赚到钱的时候,你会很快把它花掉。这就像把一个浴缸的排水孔完全打开,还好奇为什么浴缸永远装不满一样。我们把本该积累成财富的种子一点点地撒在了无关紧要的小事上,却从来没有意识到。尽量不要在外面喝咖啡,因为在家里自己做其实很简单。同样可以省下的还有每天出去吃午餐、喝瓶装水、几乎不看的有线电视频道、塞满衣橱的很少穿的新衣服的花销,以及可以轻易避免的滞纳金。

"这不是在剥削或惩罚自己,而是去改变自己日常的习惯,只要一点点改变。

"然后通过这些小小的转变,去改变你的命运。"

晚上，佐伊吃了昨天剩的比萨和一份新鲜的希腊沙拉。然后她站在厨房里，盯着自己的咖啡机，这是杰弗里在她去年过生日时送的礼物——一台小型意式浓缩咖啡机。她几乎从未用过它。不过她会用到的，对吧？

在公司呢？那里的咖啡机可以做各种不同的混合咖啡，所以在那里喝好像也未尝不可。

还有午餐。她想起芭芭拉的素漆饭盒，叹了口气。如果带午餐去上班，能省下多少钱呢？不过这个想法并没有令她多么激动，因为她几乎不会做饭。难道要带花生酱和果冻三明治吗？

"哈哈。"她对着自己的小公寓自嘲道。

然后她瞥了瞥家里的电视机。她和她的室友花了很多钱购买了有线电视频道，却几乎从来不看。还有挂在衣橱里那些很少穿的衣服，以及其他很多没用的东西。她用信用卡付了多少钱，这些卡上累积了多少利息？如果她没有按时还款，她确实没有，那么滞纳金是多少？

去想每件东西的价格，让佐伊觉得有点儿痛苦。她仰起头，对着天花板大声喊："能不能找个人帮我搞清楚这些问题？"然后她被自己逗笑了，因为这正是误区3。

她拿出塞在口袋里的星巴克餐巾纸，在餐桌上抚平，看着数字栏底部的总数。

29.75 美元

她不禁好奇这笔钱会带来什么结果。

于是，她从包里拿出笔记本电脑，放在餐桌上并打开，然后从网上找到一个长期利息计算器，它可以计算出这些日常开支的总和。每天29.75美元，每个星期5天，然后乘以52个星期。把这些钱存入一个税前账户40年，年利率是10%。她把每天的"拿铁因素"四舍五入为30美元计算。她输入这个数字，然后点击"计算"。

屏幕上出现的数字让她目瞪口呆。

她连续看了好几遍，才确认自己没看错。

4 110 652 美元

400多万美元。

"这不是真的。"她低声嘀咕,觉得匪夷所思。

杰弗里的声音再次浮现在她的脑海里:现在哪里还有10%的利率?亨利已经解释了这一点。但如果……杰弗里是对的呢?

她又计算了一遍,这次把利率从10%降到了7%。

1 706 129 美元

如果这也过于乐观呢?她又算了一次,这次仅按照5%。

991 913 美元

她盯着屏幕,仍然无法相信。即使按5%的利率计算,竟然也有近100万美元。

她合上电脑,试着想象一幅场景:每天早上,自己在上班前准备饭菜并打包午餐,然后在世贸中心一号大楼三十三层自己煮咖啡。她真的能把午餐、双份浓缩拿铁等"移植"到富裕的退休生活中去吗?

她摇了摇头,似乎想把这个荒谬的想法从脑海中挥去。

她想起母亲曾经笑着说,我连糖霜都不会做!还有她曾经在电话中说,佐伊,为你所拥有的感到快乐吧。

她把笔记本电脑放回地板上的包里。

她突然想到,一直以来,她与亨利的谈话方式就像她的工作一样,都是先确定全局和叙事的线索。她叹了口气,就是这种感觉:她正在编辑一篇文章,但里面都是别人的想法、别人的冒险和别人的旅程。

是别人的生活,而不是她自己的。

她的手机发出嗡嗡声。是杰西卡发来的短信:

明天 4 点见面怎么样?

明天是星期五,新工作邀请的截止日期。她约好了要与杰西卡喝一杯,庆祝她找到新工作。

然后手机又响了一次。

顺便问一下,你已经告诉新公司你的决

定了吧？告诉我你接受了这份工作！

佐伊盯着屏幕看了很久，才小心翼翼地拿起手机，回复道：

明天4点见！

她放下电话，站起来去刷牙，然后上床准备入睡。她仰面躺着，眼睛盯着天花板。

她一点儿也不觉得开心。

不，她想，一点儿也不。虽然不知道究竟为什么，但她很确定自己现在并不开心。

THE LATTE FACTOR
10　从现在起，富有地生活

星期五早上的开局并不顺利。佐伊打算自己做点儿食物，于是她试着按照杂志上的菜谱做一道简单的地中海式菜肴。然而，努力了半天，只换来了一堆烧焦的菜和非常糟糕的心情。

昨天晚上，她又做了那个可怕的关于跑步机的梦，只是这次跑步机下面全是滚烫的岩浆。机器在疯狂地加速，而她必须始终保持身体笔直，否则就会摔下来被烧焦。她能感觉到从下方升起的热气。灼热的灰烬盘旋在她周围，炙烤着她的头发和脸。最后，她发出一声恐惧的尖叫，从梦中惊醒。

在凌晨3点漆黑的夜色中，她做了一个决定。

当杰西卡的公司打来电话时，她已经打算好要接受这份工作。

整理好春季刊后，她会邀请芭芭拉共进午餐，不去公司的咖啡厅，而是在大楼外的某个地方，然后告诉她这件事。虽然这次谈话令她感到为难，但她必须这么做。芭芭拉可能会说，获得更高的收入并不能从根本上解决她的财务问题，而且她很可能是对的。但从现实的角度考虑，工资大幅度上涨肯定不是什么坏事。

她抓起包，走到公寓前厅，意识到外面正下着倾盆大雨。于是她又回到屋里取了伞，然后动身去往地铁站。由于天气很恶劣，她每一步都走得很艰难，还要尽量避开那些大水坑。时间有些晚了，不过她今天也不打算去找亨利。那些获利几百万美元的幻想，她已经听够了。她甚至在考虑，今天就不去买拿铁和松饼了，直接去坐下一趟地铁。

尽管如此，途中她还是忍不住回想起亨利的话。

在杂志上，她会看到一些文章，尽管写得不错，但观点模糊。有时候，作者试图把太多想法写进去，反而漏掉了重点。还有些时候，他们提出了不错的观点，却没有充分论述，也没有得出确切的结论。

那么，在这件事上，确切的结论是什么呢？

在几乎要走到车站时，她突然停了下来，挡住了后面几位行人。"对不起，对不起。"她小声道歉。

亨利是怎么说的？财富和财务自由其实没有那么复杂。它只是一个三步走的过程，我称之为财务自由的三个秘密。

先投资自己，让账户自动运转，这是前两个秘密。

那么，第三个秘密是什么？

她猛然掉头，向海伦娜咖啡店走去。

10分钟后，佐伊的伞被卷起来倒放在咖啡店门前的伞架上，而佐伊则坐在了亨利对面。

"啊，"他说，"第三个秘密。"他往后一坐，手放在膝盖上，"我们来谈谈什么最重要吧。"

"好的，"佐伊说，"请告诉我，什么最重要。"

"不，"亨利微笑着摇了摇头说道，"不是这样。是你来告诉我什么最重要。"

"我不明白您的意思。"

"我们一直在讨论为退休后的生活存钱的问题，好像这是一件重要的事，但它到底有多重要呢？我的意思是，对你来说有多重要。没错，你知道自己大概会在半个世纪后退休。对我来说，我已经七十几岁了，正是退休的年纪。但退休这件事对你来说还不那么真实，至少现在不是。对不对？"

他说得有道理。尽管被芭芭拉描绘的穷困潦倒的老年妇女形象吓到，但40年后的生活对她来说的确似乎还很遥远。

"让我们暂且把退休问题放在一边，来聊聊你的生活,你从现在到未来四五十年间的生计,还有你的梦。"

"我的梦？"佐伊打了个寒战。你不会想听的，她想。

"不是噩梦，"他温和地说，仿佛读懂了她的心思，"是你的梦想。告诉我你一直想做的事情。"

她几乎脱口而出："学习怎么拍出美丽的照片。"

"摄影课。"他点了点头，"很好。"

"称不上什么雄心壮志。"佐伊说。

亨利若有所思地歪着头说："不要妄自菲薄。梦想高远不一定就更好。梦想就是梦想。有时候最简单的反而最引人注目，而且也更容易实现。就像你想上摄影课一样。所以，为什么不直接去呢？"

佐伊刚要开口，亨利举起食指示意她等一下。"我有一个条件，你不能说'我支付不起'。"

"好吧。"佐伊说。她想了一会儿，然后说："因为太贵了。"

亨利被逗笑了。

事实上，在过去几年里，她一直非常想参加当地的一门摄影课程。其实也不算太贵，不到 600 美元，但她一直没能凑齐这笔钱。

"好吧，"亨利说，"让我们来看一下。你给 401k 账户设置自动存款了吗？"看到她犹豫了，他帮她回答，"你没有。"

"的确没有，"她承认道，"不过我正在考虑。"

他低下头严厉地看了她一眼："我会假装没听到这句话。"

她无辜地笑了笑。

"那么，"他继续说，"一旦有钱进入你的退休账户，你就可以考虑开设一个'梦想账户'了。它完全独立于你的退休账户，专门为你上摄影课而存钱。你可以称它为'佐伊的摄影课程账户'，每月自动存入 100 美元，相当于每天不到 3.5 美元。"又是一杯拿铁的钱，佐伊不禁想。"这门课一共多少钱？"

"大约 600 美元。"佐伊说。

"好的。六个月后，你就能去上课了。梦想达成。

继续！你还有其他一直想做的事吗？"

佐伊愣了一下。不知为何，她突然什么也想不起来了。"我……"她茫然地看着他，"我想不起来。"

"试试这样做，"他说，"闭上你的眼睛。"她照做了。"深呼吸。吸气，然后呼气。"

佐伊深吸了一口气，然后吐了出来。

"好的，"亨利说，"现在，回想一下你的人生中最快乐的时刻。"

她深深地吸了一口气，然后慢慢地呼了出来。

她正坐在家里汽车的后座上，和父母一起向北出发。那时她7岁，他们一起去缅因州海岸自驾游。

然后她想起了他们三个人沿着海边散步的情景。丛生的灌木，天空中盘旋的老鹰，由巨大的岩石和冰冷的海水形成的海岸线，回到旅馆后享用的美味早餐，香味扑鼻的小蓝莓，还有她这辈子吃过的最好的蓝莓煎饼。

"我想到了。"她闭着眼睛说。她好多年没想起过这次旅行了。她低声向亨利描述了记忆中的场景。

她想起他们三个人乘捕虾船出海。墨绿色的波浪拍击着船身，令他们兴奋不已。船长让她掌舵几分钟，她小心地握上去，手掌感觉到了粗糙木头的质感。她把这些都一一告诉了亨利。

"在那之前，我还从未去过水上。"她说。

"告诉我，佐伊，"她听见亨利轻声说，"当你在缅因州海岸的那艘小船上时，感觉如何？你为什么喜欢那次旅行？"

佐伊睁开眼睛看着亨利。他的眼睛正闪闪发光。

"那感觉就像一次冒险。"她说，"我们好像可以飞起来，去往任何地方。它让我感受到了飞翔一般的自由。"她停顿了一下，又重复了一遍，"自由。"

她重新闭上眼睛，思考了一会儿这个词。

自由之塔。

那是她和同事对自由女神像的别称。他们每天都能从公司的咖啡厅看到它。

"我想，也许这就是我想要的。"她低声说，"不只是摄影课，而是这种自由的感觉。我知道自己能够做想做的事，去我想去的地方，在我想这样做的时候。"她睁开眼睛，脸有些发红，"这听起来有点儿自私，或者不切实际吧？"

亨利看着她："会吗？我觉得很合理。如果你来到这个世界上是为了做一些特别的事情,我认为希望获得做这些事的自由是无可厚非的。"

佐伊微微点了点头:"我想是的,我现在明白了。"

"那么,告诉我,"亨利说,"当你在缅因州海岸的那艘小船上感受这种自由时,它带给了你什么?"

她再次闭上眼睛,想象自己回到了那艘船上。一个词立刻脱口而出。"冒险!"她睁开眼睛看着亨利,"我从未这样想过,但这就是我想要的:拥有去冒险的自由,去看我从未见过的东西,去我从未去过的地方。"

亨利点了点头:"你在哪儿工作?"

她疑惑地看了他一眼,然后表情放松下来,露出了笑容。"啊,聪明。"她是一家旅游杂志的副主编,负责润色描述别人旅行经历的文字。

别人的冒险。

"如果方便问,"亨利用柔和的声音继续说道,"你想要什么样的冒险,或者说,会为你带来什么的冒险?"

佐伊重新闭上眼睛,开始思考这个问题。如果她自己可以去任何地方,做任何事情,会去哪里呢?"不是跳伞或骑越野摩托车,也不是登山,"她说,"而是去环游世界,看遍世上最美的风景。"她又想了一会儿,补充道,"确切地说,我不想要惊心动魄,而是希望在冒险中体验各种美丽。"

她睁开了眼睛。

亨利拿出他的钢制铅笔,翻开笔记本新的一页,写下了三个词:

自由、冒险、美丽

"佐伊,你知道大多数人为什么不存钱吗?或者即使他们存了,钱数也不会很多?因为他们不明白这些。

"这些,"他用手指了指自己刚刚写下的三个词语,"这些才是重点。人们总会谈论自己买了一栋更大的房子、一辆更好的车、一间度假屋,或者仅仅是获得了更高的工资。这些其实都无关紧要,重要的是这些东西带给了你什么。

"佐伊,你的这些梦想都很重要,不管是短期的,比如上摄影课程,还是长期的,比如环游世界。不仅重要,它们就像氧气——没有它们,你的生活就会窒息。

他补充说:"这份清单还不完整,你可能会想修改或添加新的内容。你可以把它们作为你的价值观,告诉自己,对你来说这些才是最重要的。"

他再次用手指了指写了三个词的那一页。

"所以问题来了。你每天的行为和做的选择会给你带来更多这类的东西吗?你花钱的方式和在乎的事情是一致的吗?"

佐伊想了一会儿,说道:"您的意思是,它是否带给了我直接的、无拘无束的快乐?"

他笑了:"没错。"

佐伊盯着这三个词,突然想起了母亲的话:佐伊,为你所拥有的感到快乐吧!

那么,她快乐吗?

她又看向亨利:"介意我问您一个私人问题吗?"

他笑了:"请说。"

"什么会带给您直接的、无拘无束的快乐呢?"

亨利靠在椅背上,看了她很久,最后轻轻点了点头。

"很好的问题。"他从凳子上站起来说道,"起来走走吗?"然后他们开始缓步向外走去。

"36年前,一个好朋友问了我同样的问题。在那之前,我从未这样问过自己。我惊讶地发现自己没有答案。

"那时候,我并不觉得自己不快乐。作为一名年轻的建筑师,我的未来安稳而美好。我热爱我的工作,也喜欢一起共事的伙伴。但这真的能带给我直接的、无拘无束的快乐吗?"他慢慢地摇了摇头,"不得不承认,并没有。我每天辛辛苦苦地持续工作,就是为了买一些东西,但这些东西并没有让我更接近我真正想要的生活。

"于是,我去找我的老板商量,请了一段时间的假,然后收拾行李,订机票,去了欧洲。

"一开始,我只打算花几个星期时间……重新思考一下。我称之为一次激进的休假。"他笑了起来,"结果,我再也没有回去做那份工作。

"我的朋友都说我疯了,觉得我放弃了一份非常好的工作。那时候我想,他们也许是对的。但多年来,我一直在对自己说:'亨利,总有一天你要去环游世界,领略这个星球上最迷人、最美丽和最炫目的风景。'"所以我就去这样做了。把最好的生活推迟到退休以后的想法突然对我失去了意义。我告知了公司，然后在接下来的六个星期里四处旅行。回到家后，我在自己最喜欢的街区租了一家小店面，还借了一笔小型商业贷款。"

"开了一家咖啡店。"佐伊插话。

亨利点了点头："然后我开始先投资自己，开始拥有自己的生活。没过几年，我就拥有了这栋大楼。那次旅行后，我每年都会抽出六个星期时间去世界各地旅行。在过去的36年里，我去过一百多个国家。"

突然，佐伊意识到了什么。

"那些照片，"她低声说，"都是您拍的。"

亨利看着她，笑了。"我说过，那张你特别喜欢的照片也是我最喜欢的。"

这时，他们刚好来到了这张照片前——照片里是黎明时分的米克诺斯岛。两个人站在那儿，再次一起凝视着它。

"我还记得那天拍下它的情景，好像就发生在今天，就在此刻。"亨利的声音很柔和，带着一种悠远的气质，"按下快门后，我转过身，放下相机，单膝跪下，向她求婚。"

"她答应了。"佐伊低声说。

"没错。"亨利回答。

"她叫海伦娜?"

亨利笑了。"是的,海伦娜,就像特洛伊战争故事里的海伦,她是全希腊最美丽的女人。就在那天前的几个星期,我在那个码头遇到了她。我们的故事就发生在我的第一次休假旅行中。后来她和我一起回到了美国,嗯——"他停顿了一下,伸出双臂,摆出一个拍照的姿势,拍下了店里所有的照片,似乎在说,就是她。

海伦娜咖啡店。

"我一生的挚爱。"他说,"从那以后,我每天都过得无比幸福。"

佐伊终于明白是什么吸引了她来到这张照片前。不仅是美丽的景色,还有画中那个美好的瞬间——洋溢着爱和无尽的可能性,闪耀着金色的光芒。

然后她想,这里所有的照片都是这样的,不是吗?每一张都记录了亨利一生中某个特别的时刻、一个永远被暂停的时刻。

思绪平复后,佐伊突然也明白了亨利的魔力。她这几天来一直努力试图描述这种感觉,这种使她想要和他在一起的特质,这种不仅吸引着她,还吸引着巴伦、乔治娅、芭芭拉和其他许多人的特质。她记得自己曾想过,他身上有某种吸引人的东西,可能是魅力,但似乎又不仅仅如此。现在她知道了,这是一种宁静的快乐,一种满足感。他沉浸在万千瞬间中,而且在每个瞬间都生活得丰富多彩。

他之所以吸引人,不是因为他足智多谋,不是因为他老派,不是因为他古怪,不是因为他迷人,也不是因为他聪明,而是因为他很富有。

不只是金钱上的富有,还有生活上的。

"那么,这就是第三个秘密吗?"她问。

亨利笑了:"没错。如果没有第三个秘密,前两个就没有任何实际意义,而且也不会起作用,因为你可能根本不会去做。"

他把笔记本翻回到他写下前两个秘密的那一页,又加了一行。

从现在起,富有地生活

"前两个秘密——先投资自己和让账户自动运转,都是关于如何做到的。而第三个秘密则是关于为什么要去做。首先确定对你来说什么是重要的,然后照着去做。

"从现在起,富有地生活吧。不是在遥远的未来,就从今天开始。"

THE LATTE FACTOR
11　坐在我对面的百万富翁

走出三十三楼的电梯，佐伊立刻就全力以赴地投入了工作。今天是春季刊发行的截止日，办公室里的每个人都在疯狂地赶工。还有一大堆工作等着她：最终的内容审核、标题确认和校稿。她要一项项地解决。即使如此忙碌，她仍然忍不住想起中午要和芭芭拉谈话。她还没有告知新公司，正式接受那份工作，但这是今天必须要做的。在这之前，她需要告诉老板自己打算离职。

光是想想就很痛苦。

终于到了下午一点，芭芭拉来到她的办公桌旁。

雨已经小了，太阳冲破乌云，照在人行道上。她们决定去几条街外翠贝卡区的一家餐厅，那里有户外餐厅。在走过去的路上，两人聊了一些关于夏季刊的话题，因为夏天就要到了。

她们坐下来，看了菜单，然后点了餐，又随便聊了一会儿。她们通常不太会闲聊，所以这没有持续很久。

"所以，"芭芭拉沉默了一会儿，说道，"你想谈谈吗？"

"是的。"佐伊回答。她犹豫了一下，掰开一个面包卷，蘸了点儿橄榄油。

"好的。"芭芭拉说，然后补充道，"我要猜猜是关于什么的吗？"

佐伊忍不住笑了。"对不起。当然不用。我只是……我……"她停下来，放下手中的面包，一脸无助地看着芭芭拉。"我有点儿迷茫。"

芭芭拉把手搭在佐伊的胳膊上："放松，佐伊。我又不咬人，对吧？"

佐伊点了点头："和亨利的谈话太奇怪了，我们的话题一直围绕着金钱、复利和财富。这让我有点儿……"

"心烦意乱。"

"是的，"佐伊说，"心烦意乱。"

"为什么？"芭芭拉说，"只是聊天而已，不是吗？"

"没错。"佐伊表示同意,那确实只是聊天,"但感觉像在谈论另一个世界的事情。前几天,我在那里遇到一个石油大亨。他说,最重要的是如何留住你赚到的第一个 100 万美元。我坐在那里,不停地点头,好像在说:'哦,当然,我的第一个 100 万,大概是我刚整完牙的时候吧。'"

芭芭拉忍不住笑了。

佐伊又拿起她的面包卷,但没有吃,只是拿在手里。"你能明白我的感受吗?我和他面对面坐着,谈论着关于数百万美元的话题。我一直在想,自己到底为什么要参加这次谈话呢?这根本不是我的生活。我永远不会成为有钱人。"

芭芭拉等了一会儿才问道:"为什么不会?"

"因为,"佐伊说,她尽量压抑着自己的不悦,"因为财务自由是属于某些人的,芭芭拉。那些有能力购买昂贵艺术品的人,那些在时髦的媒体机构工作的人,还有那些电视里的人。他们阅读我们的杂志,想去哪儿就去哪儿,想什么时候去就什么时候去。但那是其他人,芭芭拉。不是我!"

"好吧。"芭芭拉说,然后再次问道,"为什么不是?"

"为什么?因为我……因为我还背着一大笔助学贷款,经常刷爆信用卡,而且几乎付不起房租,甚至连做一顿像样的午餐都让我手忙脚乱!"她的声音因激动而微微发抖,"因为我对理财完全不在行,芭芭拉。因为我不是被富养长大的。因为我就是我。"

芭芭拉什么也没说。

"那么你告诉我,芭芭拉,"佐伊继续说,"为什么我会变得富有?"她意识到其他几位顾客在偷偷地看她,但她不在乎。

芭芭拉平静地看了她一会儿,然后轻轻地说:"为什么不会?"

佐伊深深地吸了一口气,试图让自己平静下来。"我甚至不知道自己为什么这么生气!"听到这里,芭芭拉微微一笑,佐伊也忍不住笑了。"我真是个疯子,对吧?"她说。

这时,她们的午餐到了。服务员送餐时,她们只是静静地坐着,看着周围络绎不绝的行人。

服务员离开后,芭芭拉问道:"从我们坐下到现在,你觉得有多少人经过了我们的桌子?"

佐伊试着猜了一下:"不知道,也许几百个吧,或者更多一点儿?"

芭芭拉说:"虽然完全不认识他们,但我可以确定,如果随机调查他们中的 100 个人,一定会发现其中大多数人几乎没什么存款,甚至还有相当一部分人深陷债务之中。很多穿着时髦的人其实负债累累。他们的欠款比他们拥有的钱要多,甚至多很多。"

大帽子,没有牛,佐伊想。

"另外,你知道在这 100 个随机抽样中,有多少人会先投资自己,而且已经因此积累了 100 万美元甚至更高的净资产吗?大概是 5 个。这是美国政府统计的数据:百分之五,也就是二十分之一。"

"是这样吗?"佐伊问。

"是的。"芭芭拉说,"那么,现在你知道怎么仅仅通过外表分辨他们吗?来,试试看。"

佐伊吃了一口沙拉,看着来来往往的人。他们大都是匆忙赶路的职场人士,中间夹杂着一队队游客,他们像鱼群一样四处游览著名地标。

她耸耸肩:"我放弃了,这怎么能看得出来呢?"

"的确。"芭芭拉说,"我也做不到,因为他们并没有显著的特征或所谓的'类型',也不存在特殊的阶级或特权群体。富有的人并没有什么特别或与众不同的地方。他们看起来和其他人一样,只是做事方式有点儿不同。仅此而已。"

"听到'百万富翁'这个词,你会想到什么?"

"看起来就很有钱,而且会花很多钱购买奢侈品。"佐伊说。

芭芭拉微微笑了笑:"你这样想也不奇怪,因为这是大多数人的想法。然而,实际情况通常恰恰相反。总的来说,富人会把钱花在对他们真正重要的事情上,而且分毫不差。只有不富裕的人才会把钱花在无聊的事情上。"

佐伊以前从未听说过"不富裕"这个词。

"而那些家底丰厚的人,比如说百万富翁,"芭芭拉继续说,"他们可能是你隔壁的邻居,或者是你家的水管工,还有可能是你经常光顾的那家咖啡店的老板。"

佐伊点头赞同:"这是真的,我常去的咖啡店的老板真的是个百万富翁。"

芭芭拉又吃了一口饭,补充道:"还有你的老板。"

佐伊抬起头,放下了刀叉。她靠在椅背上,盯着芭芭拉,最后总算开口问道:"什么?"

芭芭拉叹了口气说:"听着,我不喜欢谈论这个,所以,为我保密,好吗?"佐伊点了点头,于是芭芭拉继续说,"亨利说的那些道理,我早在遇见他之前就已经照做几十年了。"

"你……但是……你是怎么做到的?"佐伊发现自己语无伦次。

芭芭拉继续埋头吃饭。"我就是这样长大的。"她耸了耸肩,"顺便说一句,你碰到的那个石油大亨说的是对的。第一个100万是一个重要的分水岭。它会让你真的觉得自己做到了些什么,而且确实如此。等你赚到第二个100万的时候,情况就简单多了。复利的奇迹会发挥它的作用。"

佐伊的大脑飞速运转。芭芭拉,她的老板兼总编,是千万富翁吗?

"可是,芭芭拉,"她声音沙哑而低沉地说,"那你为什么一直在这里工作呢?"

"为什么不?我热爱这份工作,也喜欢这里的人,比如你,佐伊。像今天这样的对话发生过很多次。"她又吃了一口午餐。"去和人事部的戴夫谈谈。他会帮你制订对你最有利的401k计划，而且会告诉你公司会为你承担多少。从这里退休的时候，你也会非常富有。"

从这里退休的时候……

这句话猛然把佐伊拉回了现实。她突然想起了约芭芭拉共进午餐的初衷是要跟她谈离职的事，告诉她自己打算去新公司上班。

她深吸了一口气，试图摆脱芭芭拉的坦诚带给她的震惊，硬着头皮继续。

"我，"她开口说，"我想说的是……"

这时，她的手机响了。她下意识地瞥了一眼，有点儿惊讶对方会在这时候打电话过来。"请等一下。"她对芭芭拉说，然后把电话放到耳边。"嗨，"她说，"一切都好吧？"

她听了一会儿，木然地点了点头。"当然，"她低声说，"我今晚就回去。"说完，她挂断电话，看着芭芭拉。

"对不起，我得走了。是我妈妈打来的。"

THE LATTE FACTOR

12　母亲的期许：不留遗憾地生活

在去宾夕法尼亚州火车站的路上,佐伊一直在自责。她早该料到会这样。她应该多留意一下的。

她登上火车,前往纽约北部。火车经过了波基普西、奥尔巴尼和斯克内克塔迪……她想起母亲总是说:"我很好,佐伊,只是有点儿累。"她应该想到的,父亲被裁员带给了她巨大的压力,搬家去一个小地方也让她筋疲力尽,还有她一直提到的似乎总是没有好转的流行性感冒,以及反复发作的背痛。火车又经过了尤蒂卡、奥奈达和雪城……母亲曾告诉她:"我会好起来的。"然后佐伊就相信了。乘出租车到达医院时,她还在责怪自己。那天中午,她的母亲拿着两大包东西在去往车站的路上,突然晕倒在地。她被匆忙送往医院,而且在那里接受了一系列检查。

那不是流行性感冒，母亲也不会再好起来了。她不是累了，也不是压力大，而是得了癌症。她的母亲快要死了。"恐怕是胰腺癌，"医生说，"一种原因不明的癌症。"

但是根本没有原因不明这种事，对吧。"我早该想到。"佐伊低声说，"我应该多关心一下的。"

佐伊深吸了一口气，穿过医院的大门。

她找到了母亲的病房，从半开着的门里悄悄走进去。她紧紧拥抱着父亲，低声安慰了几句，然后在床边的一把椅子上坐了下来。

"妈妈？"她轻声喊。

母亲的眼睛动了一下，然后睁开了。"亲爱的，"她说完又闭上了眼睛，然后再次睁开，"我不该拿那么多东西。"她说，然后虚弱地笑了笑。

佐伊也朝她笑了笑，感到眼睛刺痛。"嘘。"她说。

母亲摸了摸她的手。"佐伊，"她语气严肃地说，"以前我一直都告诉你要对自己所拥有的感到快乐。"

"我知道，妈妈。我真的知道。"

母亲把她拉得更近了些，手上用了很大的力气，说道："不要。"

佐伊靠过去问道:"不要什么,妈妈?"

"不要停下来,佐伊。"

"嘘,妈妈,你应该省点儿力气。"她说。

"扶我起来。"母亲说。她挣扎着半坐起来靠在床头,然后再次握住佐伊的手,说道:"听我说,不要满足于你已经拥有的。我爱你的父亲,也爱你。我没有不快乐。"她停顿了一下。佐伊不确定她是在思考接下来要说什么,还是想要休息一下再继续。"但我还有很多事情想做。"

"妈妈——"佐伊刚要开口。

"别说话,"母亲说,"听着,佐伊,我不想带着遗憾死去。答应我,不要留下遗憾,尽全力生活。"

"妈妈。"佐伊哽咽了。

母亲紧紧地握着她的手,都握疼了:"答应我。"

佐伊的泪水模糊了视线:"我保证。"

第二天早上,母亲的状况比前一天好了很多,这让所有人尤其是她的医生感到惊讶。

佐伊下楼来到父母家里狭小的厨房。父亲告诉她:"病情稳定,但医生说她并没有脱离危险,他们也不希望发生不好的事。无论如何,目前的情况比他们想象的乐观。"

她和父亲轮流做饭，在医院值班，而且一直聊到深夜。而母亲大部分时间都在睡觉。

坐在母亲床边的那几个小时里，佐伊有充足的时间思考。她不断想起星期五早上和亨利的谈话。当被问到对她来说什么最重要时，她的答案是自由、冒险和美丽。

现在她突然觉得，也许她遗漏了一些非常重要的东西。

在过去的九年或十年里，她为什么没有花更多的时间陪陪父母呢？她总是很忙，每天工作八到九个小时。如果晚上带工作回家，工作时间还会更长。但这样做究竟是为了什么呢？那些时间都去哪儿了？如果没有把时间花在重要的事情上，还有什么意义？

亨利曾说过，"这份清单还不完整，你可能还会想修改或添加新的内容"。他是对的。

自由、冒险、美丽、家人。

星期日，父亲给她买了一张回纽约的车票，而且发誓一旦有任何变化，会立即打电话给她。"现在我们还应付得来。你应该回去，让自己忙起来。"

"爸爸，忙着做什么呢？"佐伊说。

父亲给了她一个长时间的拥抱，然后放开她，在她的头顶上吻了一下，说："记住你的承诺。"

THE LATTE FACTOR
13　账户开始自动运转

星期一早上,地铁车门打开后,佐伊与大批上班族一起拥入富尔顿中心。她在人潮中穿过灰砖铺就的街道,来到了"大眼睛"的大广场。

在摄影中,"大眼睛"是指放置相机的地方,因为你首先是用自己大脑中的眼睛看到了画面。她一边想,一边穿过近200米长、铺满纯白色大理石的广场。

她经过一个独立的礼宾台,桌上摆放着一大束鲜花,全是白色的玫瑰和百合。

你站在那里,以及你从那里看到什么,是构建正确画面的关键。这就创造了你想要的视角。你明白我的意思吗?

"我想是的。"她边走边小声说。

"但我还有许多事情想做。"母亲的话又一次传来。

她走进西广场的过道,经过巨大的 LED 显示屏。今天,上面展示的是一幅巨大的全景图:在美国西南部的壮美山脉上,太阳正冉冉升起,发出紫橙色光芒,美不胜收。

为了看全屏幕上滚动的广告语,她稍微停了一会儿。

知道如何让你的梦想成真吗?

投资它们。一次一美元。

她登上电梯来到二楼,进入了洒满阳光的玻璃走廊。穿过走廊,她在阳光中朝西广场通道那栋她工作的大楼走去。走到楼下时,她停下来,仰起头仔细搜寻。

大楼高耸入云,她只能勉强看到其顶部。

那天早上,佐伊去人力资源部见了戴夫。他帮她设置好了 401k 退休金账户,这比她想象的要容易。对于如何把她的新计划付诸实施,戴夫也给了她一些建议。那天晚上回到家,她就上网开通了两个新的银行账户,分别命名为"摄影课程账户"和"冒险账户"。根据戴夫的建议,她还花了几分钟时间设置了一番,这样她的工资就会自动存入她的储蓄账户,然后再通过两次自动转账,进入两个新账户。

现在的钱还不多,不过没关系,它迟早会增加的。

前一天晚上,在和父亲道别并登上火车后,佐伊意识到,她从与亨利的谈话中收获的不仅仅是一份新的财务计划。

对自己的人生目标和对自己来说真正重要的东西,她都有了全新的认识。现在她明白了,自己就像年轻时的亨利一样,每天辛苦地工作,却在为那些与她真正想要的生活背道而驰的东西买单。

意识到这一点后,一个念头闪过她的脑海:过那样的生活可能并不像她想的那样需要很多钱,也许她并不需要赚更多的钱,也许她只是需要更清楚地知道应该用已经赚到的钱去做什么。

在回程的火车上,她给杰西卡发了短信。

杰西卡,感谢给我这次机会,但我决定不去了。

祝开心。

事实上,她对自己的工作很满意。她热爱这份工作，也喜欢这里的人。她只需要做一些改变就好。

见完戴夫后，她去找了芭芭拉，而且告诉她，希望能够像亨利一样有时间休假和旅行。这意味着每年她都会缺席整整一期杂志的制作，不过她可以随身携带笔记本电脑，或许可以远程办公。芭芭拉会支持她的决定吗？

听她说完，芭芭拉沉默了一会儿，然后耸了耸肩，一如既往地面无表情。"当然，不过有一个条件。"

"什么条件？"佐伊问。

"要给我寄明信片。"

那天晚上，佐伊做了一个梦。

她正懒洋洋地坐在一艘小船上，沿着缅因州的海岸漂流，吃着小桶里的野生蓝莓。"看！"母亲指着远方说。"是白头鹰。"父亲补充道。佐伊抬起头，用一只手挡住阳光，看见那只大鸟在一座巨塔的顶部盘旋，然后穿过云层，朝天空飞去。

醒来后，她静静地躺在床上，望着眼前的昏暗，不明白为什么这个小公寓突然显得那么安静。过了大概一分钟，她才明白过来。

事实上，这个地方并不比平常安静多少。是她脑子里的声音突然安静了下来。那种无法言说的担忧，就像冰箱里的嗡嗡声。你已经对它习以为常，以至于忘记了它的存在，直到它咔嗒一声停下来，只留下突如其来的寂静。

在半明半暗的光线中，她微笑起来。

从某种意义上说，到目前为止，一切并没有什么不同。那些自动存款账户没有立刻为她赚到一大笔钱，但她知道有哪些地方已经发生了变化。从现在起，这些账户将开始自动运转，为她积累财富，这把萦绕在她心头的焦虑一扫而空。

佐伊静静地笑了笑，然后重新入睡，直到第二天早晨。醒来后，她感到了久违的神清气爽。可以说，她睡得像死人一样。

不，不应该这么说，她想。这是自由的睡眠。

THE LATTE FACTOR
14 世界上最富有的女性

三年后……

太阳从远处的小山上探出头来,它那万丈光芒发出琥珀色的光,像宝石一样闪闪发亮。佐伊举起相机,迅速连续拍了三张照片,然后放下相机,静静地看着眼前的景象。一座座粉刷得雪白的小房子蜿蜒排列在鹅卵石铺就的街道上,它们宝蓝色的门和百叶窗像蓝莓一样点缀着周围的风景。一群红喙海鸥从眼前飞过。渔船在码头摇曳,她听到了船绳发出的嘎吱声。

她真的已经30岁了吗?简直不敢相信。三年的时间过得这么快,快得就像时间旅行的小插曲。然而,在这三年里发生了很多事:她成了海伦娜咖啡店的常客,和乔治娅成了好朋友,她的整个人生都改变了。

令医生惊讶的是,母亲又坚持了六个月。其间,佐伊多次回到纽约北部，到看护中心探望她。在这六个月里，她们在一起的时间比过去几年加起来都多。亨利称这是给她们的"额外奖励"，对此佐伊深表赞同。

然而，最后的美好时光没有持续很久。母亲去世后，佐伊的父亲卖掉了纽约州北部的房子，然后他们用这笔钱和人寿保险的赔偿金作为首付，在布鲁克林一个舒适的社区购买了一套小复式公寓。就像亨利说的，他们拥有自己的房产。房子虽然不大，但他们都有自己单独的卧室。对佐伊来说，卧室还充当了小型工作室。她可以在那里写作、做瑜伽，晚上还可以学习摄影课程。正如亨利所料，她只花六个月就攒够了学费。

还清信用卡欠款花了更久的时间。她首先学会了如何设置基本的账单支付功能，以便在还款日期从她的储蓄账户中自动还款。随后，她给自己所有的信用卡设置了自动支付最低还款额。这又减轻了她的一部分负担，而且她惊喜地发现自己因此省下了不少钱，因为不用再交滞纳金了。

拿铁因素果然奏效了。

在亨利的建议下，她很快就在每张卡上增加了每月的第二笔自动还款,时间是在最低还款日后的两个星期。这两笔钱加在一起,就像一对锋利的斧子砍向一棵树。22 个月后,树倒了,她的信用卡余额从负数回到了零——所有欠款都还清了。这又是拿铁因素的力量。

至于助学贷款……好吧,这个要从长计议。

可能会花几年的时间。没关系,她一定会还清。

光线已经开始变化,琥珀色的光逐渐暗淡下来。船上传来的声音越来越大。她再次举起相机拍了几张照片。

后来,佐伊发现,拿铁因素不仅存在于信用卡和贷款,亨利之前在星巴克的小餐巾纸上写下的那些也都包含在内。最不可思议的是,在乔治娅的耐心帮助下,佐伊学会了做饭。"这就像摄影一样,"乔治娅告诉她,"只是在设置和拍摄之后,多了'吃'这个步骤而已。"佐伊听了捧腹大笑,差点儿把咖啡从鼻子里喷出来。不过,她靠自己做午餐省下的钱相当可观,不亚于戒烟带给巴伦的意外收获。

佐伊取消了她从未看过的付费有线电视频道(拿铁因素)和几乎从未用过的健身房会员卡(拿铁因素),

捐出了从未穿过的衣服,扔掉了可能诱使她购买更多东西的商品目录(拿铁因素)。做完这些,她退休账户里的数字开始上升。与此同时,"冒险账户"里的钱也日益增多。

太阳一点点地往上爬,村子里开始骚动起来。她听到渔民们正在一边整理船只,一边安静地交谈着。黄金时间很快就要过去了。

她又拍了几张照片,然后停下来看着手中漂亮的相机。这是乔治娅和巴伦在她离开美国的前几天提前送给她的生日礼物,因为生日那天他们不会陪在她身边。

也就是今天。

这是她为期六个星期的希腊群岛之旅的最后一站。她把沿途的见闻都记录了下来。就在前一天,她还把自己的故事写在了电子邮件里。晚上,芭芭拉回复了她的邮件,而且告诉她一个消息:她的文章和一部分照片将被刊登在下一期杂志上,那会是一篇专题报道。回去以后,她将获得晋升。现在,佐伊不仅是一名副主编,还是一名特约专栏作家。芭芭拉在邮件结尾处简短地写道:

生日快乐，佐伊。

——你的老板

注：明信片很漂亮

这是佐伊的第三次年度旅行，也是她的第三次"激进"休假。去年，她平生第一次来到密西西比河以西，在美国西南部的山区待了五个星期，一路从亚利桑那州的塞多纳到了新墨西哥州的拉斯克鲁塞斯。她在那次旅行中拍摄了许多照片，其中几张现在挂在海伦娜咖啡店的墙上。

这次休假堪称完美，塞多纳的红石令人惊艳。即便如此，佐伊仍然对第一次休假念念不忘。那年秋天，在与母亲最终告别后不久，她和父亲在缅因州海岸共度了四个星期。他们采集了野生蓝莓，拍了秃鹰在水上筑巢的照片，还乘坐捕虾船一起出海。他们互相讲述了多年前的故事，重温了与佐伊的母亲在一起的时刻，分享了那些被框在时间里并被心灵的镜头捕捉到的鲜活的照片。这次旅行没花多少钱（这是件好事，因为当时佐伊还在为她的希腊之行存钱），在她看来却是最丰富的经历。

在去希腊之前,她问父亲,如果能去世界上任何地方,他想去哪里?

"阿拉斯加。"他毫不犹豫地回答。

"一言为定。"她说,"我们明年就去,爸爸。开始准备打包行李吧。"

她抿了一口希腊热咖啡,看着眼前的小村庄在爱琴海阳光的照耀下逐渐苏醒。她再次举起手中的相机——她的"大眼睛"——又拍了一张。

"是的。"她低声说。

佐伊·丹尼尔斯今天 30 岁了。在她看来,自己是这个世界上最富有的女人。

财务自由的三个秘密

财务自由的三个秘密

1. 先投资自己。

2. 不要做预算,让账户自动运转。

3. 从现在起,富有地生活。

对话戴维·巴赫

戴维,听说佐伊的母亲临终前告诉佐伊要去过不留遗憾的生活,是参考了您和您祖母罗斯·巴赫的临终谈话。能和我们分享一下她的故事吗?她对您的生活和工作有什么影响?

我的祖母罗斯是个了不起的女人。30 岁那年,她决定不再忍受贫穷,这彻底改变了我们家的命运。

当时,她在威斯康星州密尔沃基市的金贝尔百货公司卖假发。她和我的祖父杰克都没有上过大学。作为典型的美国中西部人,他们辛勤工作,勉强靠工资度日。但我的祖母一直坚信,他们可以过上更好的生活。所以,在 30 岁生日那天,她告诉我的祖父:"是时候改变我们的生活了。我们要拯救自己。"

最初,她和我的祖父每个星期存下一美元,真的就是一美元。她开始自带午餐去上班，遭到朋友的取笑："哦，罗斯，你真小气！来跟我们一起吃午餐吧！"她说这一度让她很难过，但她很清楚自己为什么要存钱。她想离开冬天特别寒冷的密尔沃基，在退休后搬到一个温暖的地方去。

通过持续的储蓄和投资，她白手起家成为百万富翁，而且把她对投资的知识和热爱传授给了我。在我7岁的时候，她帮我买了我人生中第一只股票，是麦当劳的，那是我当时最喜欢的餐厅。她成为我的第一位理财导师，而且她的教诲塑造了我的整个人生、事业和目标。

我在二十多年前写的第一本书《精明女人理财之道》，就是献给她的。我从1997年开始写这本书，祖母也知道这件事。我的祖母一直健康而强壮。她每天都会步行约8千米，喝绿色果汁，这让她比我的祖父长寿了10岁。每个星期中的三天，她会和三个不同的男人约会，我们后来在她的葬礼上才知道这件事。然而，在86岁那年，她患了中风。

在她病倒后，我们把她从加利福尼亚州的拉古纳海滩接到了旧金山湾区的一家护理机构。那里离我们的公司和住处只有约 1.6 千米，每天去看她和照顾她都很方便。我还记得和她最后一次见面的情景，仿佛就在昨天。我问祖母是否有什么最后的人生经验要告诉我。

她想了一会儿，然后说："没有了。我已经全都告诉你了。你会做得很好。"

我又问她是否还有什么遗憾。她想了想说："不，没有。"然后她跟我分享了很多令她感到幸运的事。

第二天早上，我又去看她，问她睡得好不好。

"糟透了。"她说，"拜你所赐，我整晚都在想我的人生遗憾！"

我们一起大笑，然后她牵着我的手，告诉了我五件她感到遗憾的事，一直回溯到了她的青年时期。然后，她说："戴维，记住，这些遗憾本身并不是教训，导致这些遗憾的原因才是。

"在刚才提到的每一个时刻，我都处于人生的岔路口。我必须做出决定，该走我认为安全的路，还是更有风险的路？

"为了得到真正想要的东西，我是否应该冒险一试？

"在我刚刚分享的每一个特定的时刻,那些令我现在感到遗憾的时刻,我都选择了安全的那条路。现在,我奄奄一息地躺在这里,永远也不知道原本会发生什么了。"

"可是,祖母,"我说,"您的人生已经非常精彩了!"

她更加用力地握住我的手,说道:"戴维,以后不要再留下遗憾,去冒险吧!"

然后她又补充说:"记住,当走到岔路口时,你会听到两个声音。一个大男孩说:'走安全的那条路!'一个小男孩则说:'戴维,往这边走会很有趣!让我们试试看!'那个小男孩的声音兴奋且跃跃欲试。让他出来尽情玩耍吧,也把这个告诉你的朋友。"

那是我们最后一次见面。

我开车回到公司,把车停在地下停车场,在那里哭了一会儿。最后,我抬头看着后视镜,擦干眼泪,告诉自己:"我受够了,我不会在这里当一辈子财务顾问。我要写完《精明女人理财之道》,然后用我的一生去帮助更多的人。现在我还不知道该怎么做,但是我向你保证,祖母,三年内我就会离开这里,去追寻我的梦想。我要让心中的小男孩出来玩耍。"

事实上，这花了我四年时间，不过我终究是做到了。从那一刻起的整整四年后，我离开了那家大型金融服务公司，远离家人和朋友，从加利福尼亚州搬到了纽约。我希望自己能写更多的书，把我祖母罗斯的致富之道告诉数以百万计的人。

说实在的，这并不容易。在这个过程中，我犯了很多错误，但我并不后悔。结果比我最初想象的好得多。《精明女人理财之道》成为畅销书，销量迄今已经超过100万册。五年后，我登上了奥普拉·温弗瑞的脱口秀，把我的理念继续传递给更多的人。

这种不留遗憾的理念也在本书中得以延续。

自从在奥普拉脱口秀上讲过拿铁因素后，我多年来一直想写一本这样的书，用一个简单的故事来解释拿铁因素。人们可以在几个小时内读完它，即使是对跟钱有关的书没有兴趣的那些人。然而，我的出版商对此没有什么兴趣。在我又写了七本书后，情况依然如此。于是我决定无论如何都要写这本书，而且为它找到一个新的出版商。这就是事情的经过。现在它已经在你手中了。

当佐伊的母亲告诉她"不要留下遗憾,尽全力生活"时,这句话成为导火索,促使佐伊停止恐惧和自甘渺小,去追求富裕的生活。这与金钱无关,完全是为了让人生不留下遗憾。

拿铁因素并非它字面的意思。它与咖啡无关,甚至与金钱无关。它只是一个隐喻,用来激励梦想家去实现他们的梦想。

不要留下遗憾。让你心中的"小女孩"或"小男孩"出来玩吧。你可以从今天就开始。

接下来您有什么打算?您在写下一本书吗?

我打算再写一本书。我已经暗下决心并向我的妻子承诺这是最后一本,以后再也不写了,虽然她早就不相信这种话了。我不是有意说谎,但每当写完一本书的时候,总会有新的想法冒出来。

所以,简单地说,是的,我确实在筹备新书。它会非常有趣,而且又会是完全不同的内容。

在推出本书后的90天内,我将与我的家人跨越大西洋,在意大利佛罗伦萨共度一年。我真心想过一种无怨无悔的生活。我希望我的孩子们在上大学之前能有在意大利生活的经历,希望他们经常去国外旅行,而且开始打造他们自己的生活。所以,如果一切按计划进行,当你读到本书时,我应该已经在佛罗伦萨了。在那里,我将吃着意大利面,喝着葡萄酒,与我的妻儿一起品尝我最爱的意大利冰激凌,而且在那里着手写我的下一本书。它将记录下我这次的"激进"休假,就像佐伊一样。

我还可能会在那里写博客、录制播客,欢迎通过www.davidbach.com加入我的旅程。

本书包含了一些很棒的图表和工作单,你建议读者怎样使用它们呢?

前面几个图表是我最喜欢的,它们突出了复利的作用。第一张图表"金钱的时间价值"激励我从20岁出头就开始存钱。另外一张图表则列出了从2%到12%不等的利率(见第186页),可以看到不同的回报率对资金潜在增长速度的影响。最后一张是我在20岁出头时第一次看到的,它显示了1926年以来的年化投资回报率（见第 187 页）。看完你会发现，那些说股票投资已经行不通的人真的不可信！

在这些图表之后，本书还提供了一些简单的工作单，它们将帮助你把理论付诸行动。我把第一个工作单称为"拿铁因素挑战™"。找一天，带上本书，记录下你的拿铁因素，只要一天就可以。不要改变你花钱的方式，就像平常一样。最后，回顾这张单子，把所有你认为是拿铁因素的花费加起来，然后算一下如果你改变其中的几项，每天能够省多少钱。

然后请在第二天进行"双份拿铁因素挑战"。尽管这个名词并未在本书中提及，但它操作起来非常简单：写下你每月的开支并相加，然后决定其中哪些可以取消或减少，从而更有效地削减你的支出。

假如这是我读的您的第一本书，您会推荐我接下来再读哪些书呢？

毫无疑问，首先是《自动百万富翁》。这是我推荐每个人去读的第一本书，也是迄今为止我的作品中最受欢迎的一本。它通俗易懂，会告诉你如何在不制订预算的情况下成为百万富翁。如果你是女性，请阅读《精明女人理财之道》；如果你们是一对夫妇，推荐读《夫妻理财成功学》。这些书将帮助你探索自己的价值观、梦想和人生目标，而且通过制订个人理财计划来使其成为现实。最近，这三本书的美国版都进行了修订，所以请务必购买修订后的版本。

如果我 20 年前读到本书就好了！对于已经四五十岁甚至更年长的人来说，现在才意识到拿铁因素是否太迟了？

简而言之，只要你从现在开始行动，就永远不迟。

我的书《起步晚，照样致富》就是专门为你和与你处境相同的人写的。他们要么存款太少，要么负债太多，还有一些则在生活中遭遇了意想不到的挑战。起步晚并不意味着必定前途未卜，实现梦想永远不会太迟，只要迈出第一步。储蓄和投资的妙处在于，钱并不知道你的年龄——这只是个数学问题。假设你现在 50 岁，而且已经结婚，你每天能省下 10 美元吗？你的配偶或伴侣可以吗？如果可以，一天就有 20 美元，乘以一年365天，就等于7 300美元。拿这些钱去投资，按照10%的利率计算，20年后你就会有461 696美元——近50万美元。

如果再翻倍，每人每天节省20美元，一年就能存下14 600美元，同样进行10%利率的投资，二十年后你会有近100万美元。

在这个赶超计划中，最重要的是努力去做，而不是杞人忧天。就是今天，是时候开始了！

最后，您还有其他想说的吗？读者可以通过什么方式与您联系？

我最想说的就是，感谢大家来看我的书！

佐伊的成长过程就是一个例子，即"你不必非要自己做这件事"。佐伊找到了导师，结交了新朋友，他们鼓励并支持她的梦想和新生活。所以，我也建议你组建自己的"活得富有"团队，去找到像你一样的人，然后互相鼓励，共同进行这场拿铁因素之旅。

我建议成立一个读书俱乐部。在这里，大家一起阅读本书，然后共同探讨。你们可以一起进行拿铁因素挑战，互相支持彼此的梦想。如果在做这件事的时候能够找到同伴，比如你的爱人或者像你一样想过上更富有的生活的新朋友，你的人生就会被改变。

如果本书触动了你，请随时发电子邮件到我的邮箱 success@finishrich.com。我可能无法一一回复，但我承诺一定都会看。我爱我的读者，收到你们的来信总是令我非常感动，是你们对拿铁因素的成功运用才让我坚持推广它近 25 年。

欢迎访问我的网站 www.davidbach.com，上面有一个关于拿铁因素的播客，是这次采访的完整版。你可以收听以获取更多小技巧。有时候，我也会回复一部分邮件，这是我与读者保持联系的方式。在我的新书出版之前，我们绝不会向你发送任何垃圾邮件或促销信息。

把本书应用于你的生活吧，不要留下遗憾！

附录：图表

金钱的时间价值

现在就开始投资

	苏珊 19岁开始投资（年回报率10%）			金姆 27岁开始投资（年回报率10%）	
年龄	投资额（美元）	总价值（美元）	年龄	投资额（美元）	总价值（美元）
19	2 000	2 200	19	0	0
20	2 000	4 620	20	0	0
21	2 000	7 282	21	0	0
22	2 000	10 210	22	0	0
23	2 000	13 431	23	0	0
24	2 000	16 974	24	0	0
25	2 000	20 871	25	0	0
26	2 000	25 158	26	0	0
27	0	27 674	27	2 000	2 200
28	0	30 442	28	2 000	4 620
29	0	33 486	29	2 000	7 282
30	0	36 834	30	2 000	10 210
31	0	40 518	31	2 000	13 431
32	0	44 570	32	2 000	16 974
33	0	48 027	33	2 000	20 871
34	0	53 929	34	2 000	25 158
35	0	59 322	35	2 000	29 874
36	0	65 256	36	2 000	35 072
37	0	71 780	37	2 000	40 768
38	0	78 958	38	2 000	47 045
39	0	86 854	39	2 000	53 949
40	0	95 540	40	2 000	61 544
41	0	105 094	41	2 000	69 899
42	0	115 603	42	2 000	79 089
43	0	127 163	43	2 000	89 198
44	0	130 880	44	2 000	100 318
45	0	153 868	45	2 000	112 550
46	0	169 255	46	2 000	126 005
47	0	188 180	47	2 000	140 805
48	0	204 798	48	2 000	157 086
49	0	226 278	49	2 000	174 094
50	0	247 806	50	2 000	194 694
51	0	272 586	51	2 000	216 363
52	0	299 845	52	2 000	240 199
53	0	329 830	53	2 000	266 419
54	0	362 813	54	2 000	295 261
55	0	399 094	55	2 000	326 988
56	0	439 003	56	2 000	361 886
57	0	482 904	57	2 000	400 275
58	0	531 194	58	2 000	442 503
59	0	584 314	59	2 000	488 953
60	0	642 745	60	2 000	540 048
61	0	707 020	61	2 000	596 253
62	0	777 722	62	2 000	658 078
63	0	855 494	63	2 000	726 086
64	0	941 043	64	2 000	800 895
65	0	1 035 148	65	2 000	883 185

收益：1 019 148美元　　　　　　　　　　　收益：805 185美元

请对比两者之间的区别

苏珊收益：　　1 019 148美元
金姆收益：　　　805 185美元
苏珊多收益：　　213 963美元

苏珊投资了五分之一的钱，却多收益25%

尽早投资！

尽早开始

这张图表显示了尽早投资的巨大优势。如果你在年轻时开始投资,就会在年老时收获一大笔钱。假设你在65岁之前每月存300美元,这笔投资的年回报率为10%。

你将获得的收益

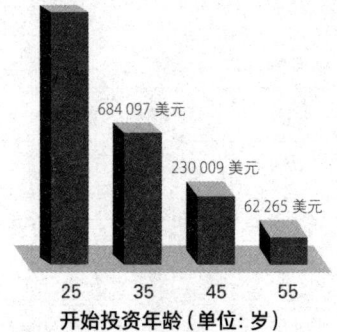

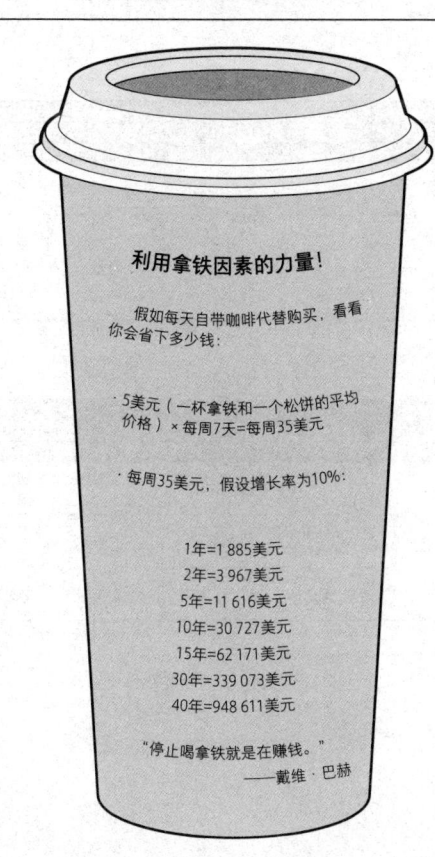

- 25岁:1 913 334 美元
- 35岁:684 097 美元
- 45岁:230 009 美元
- 55岁:62 265 美元

开始投资年龄(单位:岁)

利用拿铁因素的力量!

假如每天自带咖啡代替购买,看看你会省下多少钱:

- 5美元(一杯拿铁和一个松饼的平均价格)× 每周7天=每周35美元

- 每周35美元,假设增长率为10%:

  1年=1 885美元
  2年=3 967美元
  5年=11 616美元
  10年=30 727美元
  15年=62 171美元
  30年=339 073美元
  40年=948 611美元

"停止喝拿铁就是在赚钱。"
——戴维·巴赫

越早开始，收益越高

假设年回报率为10%

日投资额	月投资额	10年	20年	30年	40年	50年
5美元	150美元	30 727美元	113 905美元	339 073美元	948 612美元	2 598 659美元
10美元	300美元	61 453美元	227 811美元	678 146美元	1 892 224美元	5 197 317美元
15美元	450美元	92 180美元	341 716美元	1 017 220美元	2 845 836美元	7 795 976美元
20美元	600美元	122 907美元	455 621美元	1 356 293美元	3 794 448美元	1 039 4634美元
30美元	900美元	184 360美元	683 432美元	2 034 439美元	5 691 672美元	1 5591 952美元
40美元	1 200美元	245 814美元	911 243美元	2 712 586美元	7 588 895美元	20 789 269美元
50美元	1 500美元	307 267美元	1 139 053美元	3 390 732美元	9 486 119美元	25 986 586美元

每天一包烟，退休远离我

假设年回报率为10%

每天一包烟的花费	每月花费	10年	20年	30年	40年	50年
7美元	210美元	43 017美元	159 467美元	474 702美元	1 328 057美元	3 638 122美元

瓶装水，一笔潜在的财富

假设年回报率为10%

每天一瓶水的花费	每月花费	10年	20年	30年	40年	50年
1美元	30美元	6 145美元	22 781美元	67 815美元	189 722美元	519 732美元

要在65岁时成为百万富翁,每天要存多少钱?

要在65岁时积累100万,建议每日或每月的投资额
年利率10%

起始年龄	日存款	月存款	年存款
20	4美元	124美元	1 488美元
25	6美元	186美元	2 232美元
30	10美元	310美元	3 720美元
35	16美元	496美元	5 952美元
40	26美元	806美元	9 672美元
45	45美元	1 395美元	16 740美元
50	81美元	2 511美元	30 132美元
55	161美元	4 911美元	59 892美元

这张图表是为了告诉你在回报率为10%的情况下,每天、每月或每年应该存多少钱,以便在65岁时积累100万美元。

每月存入100美元

根据回报率的不同,每月向计息账户存入100美元,然后让它产生复利,就能获得一笔惊人的巨额存款。

利率	5年	10年	15年	20年	25年	30年	35年	40年
每月存100美元,利率2%	6 315美元	13 294美元	21 006美元	29 529美元	38 947美元	49 355美元	60 856美元	73 566美元
每月存100美元,利率3%	6 481美元	14 009美元	22 754美元	32 912美元	44 712美元	58 419美元	74 342美元	92 837美元
每月存100美元,利率4%	6 652美元	14 774美元	24 691美元	36 800美元	51 584美元	69 636美元	91 678美元	118 590美元
每月存100美元,利率5%	6 829美元	15 593美元	26 840美元	41 275美元	59 799美元	83 573美元	114 083美元	153 238美元
每月存100美元,利率6%	7 012美元	16 470美元	29 227美元	49 435美元	69 646美元	100 954美元	143 183美元	200 145美元
每月存100美元,利率7%	7 201美元	17 409美元	31 881美元	52 397美元	81 480美元	122 709美元	181 156美元	264 012美元
每月存100美元,利率8%	7 397美元	18 417美元	34 835美元	59 295美元	95 737美元	150 030美元	230 918美元	351 428美元
每月存100美元,利率9%	7 599美元	19 497美元	38 124美元	67 290美元	112 953美元	184 447美元	296 385美元	471 643美元
每月存100美元,利率10%	7 808美元	20 655美元	41 792美元	76 570美元	133 789美元	227 933美元	382 828美元	637 678美元
每月存100美元,利率11%	8 025美元	21 899美元	45 886美元	87 357美元	159 058美元	283 023美元	497 347美元	867 896美元
每月存100美元,利率12%	8 249美元	23 234美元	50 458美元	99 915美元	189 764美元	352 991美元	649 527美元	1 188 242美元

谁说10%不可能？

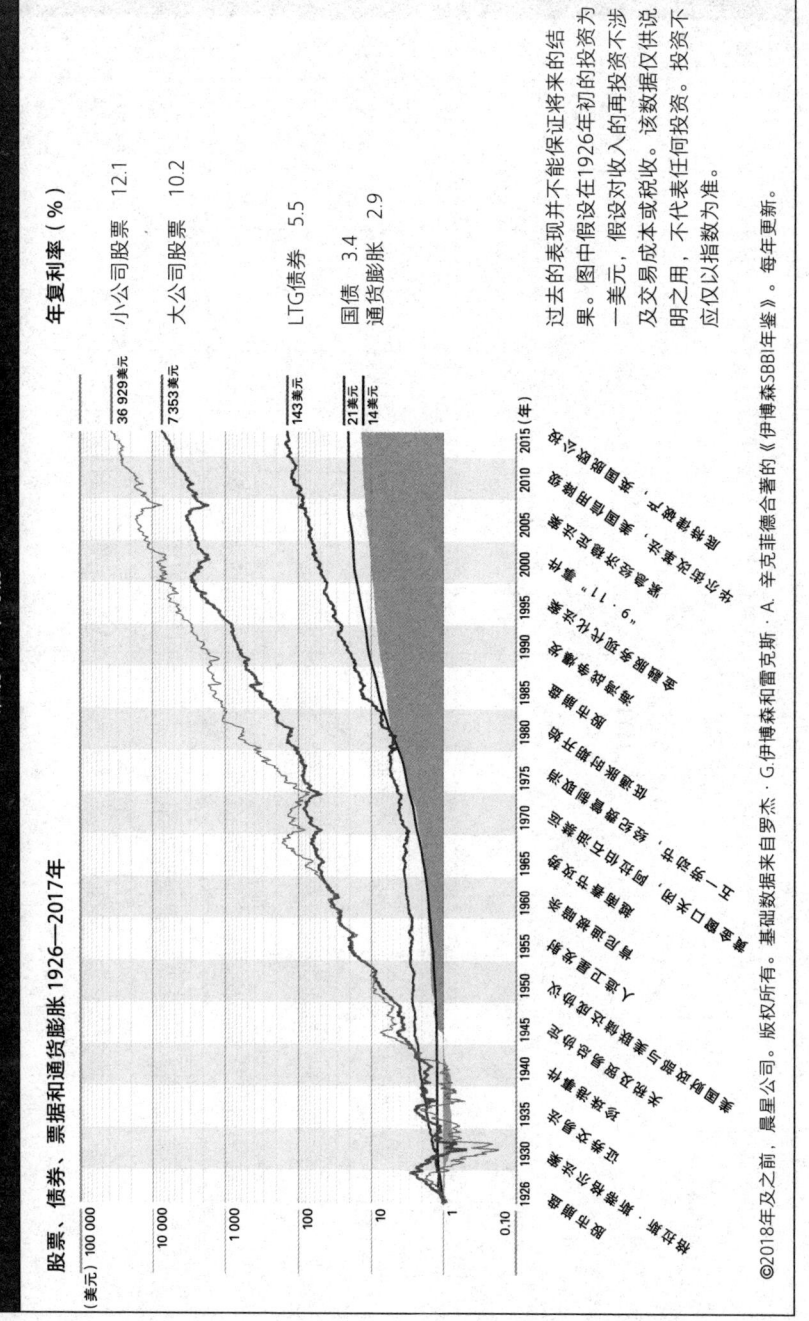

股票、债券、票据和通货膨胀 1926—2017年

	年复利率（%）
小公司股票	12.1
大公司股票	10.2
LTG债券	5.5
国债	3.4
通货膨胀	2.9

终值：
- 36 929美元
- 7 353美元
- 143美元
- 21美元
- 14美元

过去的表现并不能保证将来的结果。图中假设在1926年初的投资为一美元，假设对收入的再投资不涉及交易成本或税收。该数据仅供说明之用，不代表任何投资。投资不应以指数为准。

图中涵盖的事件："9·11"恐怖袭击事件、互联网泡沫破灭、海湾战争、柏林墙倒塌、黑色星期一、高通胀、越南战争、古巴导弹危机、朝鲜战争、第二次世界大战、珍珠港事件、新政、大萧条、咆哮的二十年代等。

©2018年及之前，晨星公司。版权所有。基础数据来自罗杰·G.伊博森和雷克斯·A.辛菲尔德合著的《伊博森SBBI年鉴》。每年更新。

拿铁因素挑战™

日期:

	项目: 我买了什么	开支: 我花了多少钱	是否浪费了钱? (如果是"是",画√)
1			
2			
3			
4			
5			
6			
7			
8			
9			
10			
11			
12			
13			
14			
15			

我的拿铁因素合计:(所有项目总开支)

=

拿铁因素的误区

我一天的拿铁因素　＝　_____

我一个月的拿铁因素　＝　_____（拿铁因素×30）

我一年的拿铁因素　＝　_____（拿铁因素×365）

我10年的拿铁因素　＝　_____（拿铁因素×3 650）

如果将我的拿铁因素投资：

10年，会有　＝　_____

20年，会有　＝　_____

30年，会有　＝　_____

40年，会有　＝　_____

计算你的拿铁因素

计算以上数值，请登录www.davidbach.com，点击拿铁因素，然后使用拿铁因素计算器。

给你的免费礼物！

赢取免费的拿铁因素杯，请发邮件至success@finishrich.com与我们分享你的拿铁因素体验。告诉我们，你接受挑战时发生了什么，你节省了多少钱，你学到了什么。每个星期，我们都会选出一名优胜者！

双份拿铁因素挑战

计算双份拿铁因素意味着不仅要考虑你的日常开支，还要看你每星期、每月、每季度和每年的开支，而且找出那些可以取消或减少的大大小小的项目和服务。

	项目或服务	开支	是否浪费了钱?		省下的钱	每月省下的钱
	我买过或者要买什么	我花了或者要花多少钱	如果这可以被取消，请画√	如果这可以被减少，请画√	通过Y，我可以省下X!	
项目示例	百吉饼加奶油芝士和一小杯咖啡	3.5美元		√	在家吃饭，每天省下2美元	60美元
服务示例	我和阿尔蒂娅每人一部手机	200美元/月，含所有其他费用		√	更改套餐，每月省下50美元	50美元
1						
2						
3						
4						
5						
6						
7						
8						
9						
10						
11						
12						
13						
14						
15						
我的双份拿铁因素（我每月可以省下的总金额）						

致 谢

首先,我要衷心地感谢你们,我的读者。如果没有你们的热爱、鼓励和对我的作品的兴趣,我不会有如此的成就。在过去的一年里,我很荣幸能在各类活动中见到你们并聆听你们的故事。非常感谢你们的到来。

关于本书,我要感谢我出色的经纪人简·米勒和莱西·林奇。女士们,20年了,我们默契依旧。感谢你们对我及我的理念的信任,而且帮助我使其生根发芽。我还要感谢我的律师斯蒂芬·布赖默,感谢你20年来的守护、指导和关怀。如果没有这个团队,我所做的一切都不可能实现。

致约翰·戴维·曼恩,我出色的合著者。感谢你十多年来一直耐心地听我谈论本书,而且相信我们最终一定会共同完成它。与你共事总是令我感受到创造的快乐。

此外，我要感谢的还有：

我们在西蒙-舒斯特的出版团队。感谢我们的编辑沙拉·佩尔兹，她对这个故事感同身受，因此是本书的忠实拥护者，谢谢你的付出。感谢我们的出版商利比·麦奎尔，以及我们在阿垂亚出版公司的所有成员，包括苏珊娜·唐纳修、林赛·萨内特、克里斯汀·法斯勒尔、德纳·特洛克、丽莎·夏布拉、米莲娜·布朗和梅拉妮·伊格莱西亚斯·佩雷斯，感谢你们为本书在全球引起轰动所做的一切。

保罗·科埃略，我们在日内瓦吃饭时，你问我："戴维，接下来你要写什么？"当我告诉你我打算写本书时，你笑着说："那么，戴维，你一定要把它写出来！"你不知道，当你说这些话的时候，那纯粹的微笑和真诚的表情对我是多么大的鼓舞。我永远感激你那天晚上的话，还有你震撼人心的作品《炼金术士》。

最后是我的家人。致我的祖母罗斯·巴赫，是你的鼓励和爱成就了我的整个事业和现在的生活。我每天都在思念您。致我的父母鲍比和马蒂·巴赫，你们一直鼓励我，而且不断催问我"什么时候开始写《拿

致谢

铁因素》?"。谢谢你们一直陪在我身边,你们绝对是孩子所能拥有的最好的父母。致我的妻子阿尔蒂娅·布拉德利·巴赫,当我邀请你与我一起开始新生活,而你回答"我愿意"的时候,那是我人生中最幸运的一天。你听我讲本书十几年,却从未怀疑我是否能够做到,只是问我打算什么时候开始写。谢谢你的爱。致我的两个儿子杰克和詹姆斯,做你们的父亲是我一生中最快乐的事。我知道你们俩会先读完本书,希望你们永远听从自己的内心和你们的"小男孩们",去追求你们的梦想。儿子们,去不留遗憾地生活吧。爸爸永远爱你们!

关于作者

戴维·巴赫是当代最值得信赖的金融专家和畅销书作家之一。他连续出版了9本《纽约时报》畅销书（其中两本是《纽约时报》畅销书排行榜冠军）和11本全美畅销书。这些书被译为20多种语言，而且在全球发行超过700万册。他的畅销书《自动百万富翁》在《纽约时报》畅销书排行榜上连续31个星期蝉联榜首。他是历史上仅有的在《华尔街日报》《商业周刊》《今日美国》畅销书排行榜上同时有4本书在榜的商业作家之一。

在过去的20年里，戴维通过研讨会、演讲和无数媒体报道触动了数千万人。他是美国全国广播公司《今日》节目的撰稿人，曾参与过100多期。他还是奥普拉·温弗瑞脱口秀、美国广播公司、哥伦比亚广播公司、福克斯、美国消费者新闻与商业频道（CNBC）、美国有线电视新闻网（CNN）、雅虎、视野、PBS 等的常客。

戴维是 FinishRich 媒体公司的创始人和 AE 财富管理公司的联合创始人，其中 AE 财富管理公司是美国增长最快的注册投资顾问公司之一。截至 2018 年 12 月，其平台资产已超过 60 亿美元。他会定期在世界各地发表演讲，向人们讲述过上富裕生活的奥秘。闲暇时，他最喜欢做的事情就是和两个儿子一起滑雪，以及和家人一起旅行。

了解更多信息，请访问他的网站 www.davidbach.com。

约翰·戴维·曼恩是深受喜爱的经典作品《给予的力量》的合著者。该书被译为 28 种语言，售出了近 100 万册，而且凭借"对全球变化做出的积极贡献"被授予"公理商业图书奖"金奖和"活在当下图书奖"常青树奖。除了与鲍勃·伯格共同创作了《给予的力量》系列之外，他还是《纽约时报》3 本畅销书和 4 本全美畅销书的联合作者。他的《一马当先》（与白宫前顾问蓓西·迈尔斯合著）被汤姆·彼得斯评为《华盛顿邮报》"2011 年最佳领导力图书"。

高中时期，约翰与一群朋友共同打造了成功的高中生活。最初，他是一名大提琴家，而且曾在作曲比赛中获奖。后来，他创建了一家拥有十几万名客户、市值数百万美元的销售机构。后来，他又投身于写作和出版业。他的书被译为30多种语言，销售了300多万册。他与安娜·加布里埃尔·曼恩结婚，而且认为自己是世界上最幸运的人。

更多信息请访问 www.johndavidmann.com。